BOSPHORE
STAMBOUL
SMYRNE

L'ORIENT

PAR

ATTACHÉ A L'AMBASSADE EN PERSE
PENDANT LES ANNÉES 1840 ET 1841, L'UN DES AUTEURS DU VOYAGE EN PERSE,
AUTEUR D'ÉTUDES SUR LA SCULPTURE PERSANE ET MÉDIQUE,
DE TRAVAUX ARCHÉOLOGIQUES
CONCERNANT
L'ARCHITECTURE ET LA SCULPTURE ASSYRIENNES
DU MONUMENT DE NINIVE, ETC., ETC.

PARIS

GIDE ET J. BAUDRY, LIBRAIRES-ÉDITEURS

5, RUE BONAPARTE, ANCIENNE RUE DES PETITS-AUGUSTINS

1855

PRÉFACE

L'Orient, pays du passé et de l'avenir : du passé, par tout ce qu'il a été et tout ce qu'il conserve d'une civilisation devancière et modèle de la nôtre; de l'avenir, par tout ce qu'il pourrait être encore et tout ce qu'il fait rêver à la politique ambitieuse de l'Europe qui croit le reste du monde fait pour elle.

L'*Orient*, tel est le titre de cet ouvrage que j'exécute au moyen des nombreux éléments que j'ai recueillis dans le cours de mes voyages. En 1839, je reçus la mission d'aller en Perse pour y rechercher tout ce qu'elle pouvait renfermer de sculptures antiques, et ce qu'elle présentait de pittoresque ou d'original dans sa physionomie moderne; j'y restai deux années. Plus tard, en 1841, je fus envoyé à Mossoul pour m'associer aux découvertes de M. Botta sur le sol de Ninive, et pour y étudier tous les monuments qui devaient composer le grand ouvrage publié sous le titre de *monuments de Ninive*.

Dans ces deux missions j'eus l'occasion, non-seulement de voir beaucoup de pays, puisque j'allais fort loin, mais encore de les bien voir. Attaché à l'ambassade de France en Perse, j'ai navigué sur la mer Noire et sur son littoral, j'ai traversé l'Arménie, visité tout le nord de la Perse; arrivé à Ispahan, ma position à l'ambassade m'a fourni l'occasion d'approcher du châh, de voir sa cour, les grands, les palais et les mosquées : par mes relations personnelles, il m'a été possible de pénétrer dans l'intérieur de quelques familles, et aussi de voir tomber devant moi le voile épais qui couvre les mœurs des Persans. L'objet de ma mission m'a imposé l'obligation de visiter la Perse dans tous les sens : des villes curieuses, le golfe Persique, les monuments d'Ispahan et les ruines de quelques localités, notamment celles de Persépolis figureront parmi les planches de ce recueil; Babylone, la ville éteinte, et Bagdad, la reine actuelle du désert, sont également au nombre des sujets qui seront traités.

La seconde mission que j'ai remplie, en 1844, m'a donné les moyens de compléter mes collections. Constantinople, le Bosphore et les Dardanelles ont, dans mes travaux, une part très-large, celle qu'ils méritent. Un séjour à Rhodes m'a permis d'étudier complétement tout ce que cette ville et l'intérieur de l'île conservent de souvenirs du temps où la chevalerie française tenait en échec le croissant dans la Méditerranée. La Syrie, la Palestine, l'Égypte, enfin la Mésopotamie et Mossoul trouvent place dans cet ouvrage auquel je n'ai pas cru pouvoir donner d'autre nom que *l'Orient*, parce qu'il comprend tous les pays situés entre le rivage européen du Bosphore ou des Dardanelles et la frontière indienne.

On a déjà beaucoup de publications sur ces contrées vaguement appelées Orient. Il s'en trouve parmi elles de fort estimables, et conduites avec beaucoup de talent certainement; mais le mérite que j'espère réussir à faire trouver dans celle-ci, c'est d'être neuve et toute générale, ainsi qu'on peut le voir par l'aperçu que j'ai indiqué de mes courses, et par la nouveauté de la plus grande partie de mes travaux, exécutés dans des contrées où jamais aucun peintre n'avait pénétré et probablement ne pénétrera de longtemps. En effet, pour effectuer de pareils voyages, il m'a fallu l'appui de l'État et un concours de circonstances toutes fortuites que j'ai été assez heureux pour rencontrer.

Paris, ce 24 octobre 1852

L'ORIENT

LE BOSPHORE

De tous les détroits du monde le Bosphore est, sans contredit, le plus beau, celui dont les aspects sont le plus variés. Autant le voyageur, en quittant la mer Noire, est fatigué de la navigation pénible qu'il y a subie, attristé des vagues ternes qui reflètent un ciel brumeux, autant il est joyeux et ranimé quand il se sent tout d'un coup bercé doucement sur le flot hospitalier du Bosphore.

L'entrée en est étroite ; la mer s'y brise avec fracas sur les rocs qu'elle ronge avec fureur. Elle semble assouvir sur eux la rage qu'elle éprouve de voir lui échapper, par l'issue qu'ils laissent entre eux, les pauvres marins qu'elle n'a pu engloutir, car elle mérite bien ce surnom que lui avaient donné les anciens : *Pontus Axenos, mer inhospitalière*. Mais le Bosphore s'ouvre au courant rapide que pousse le vent des steppes ; ce canal, par un détour, le retient, amollit la vague qui s'abaisse, se calme et se change en une belle nappe bleuâtre qui baigne les deux rives. — On dirait, à voir la mer glisser ainsi doucement sur les berges qu'elle caresse, qu'elle prend plaisir à s'arrêter entre les collines gracieuses de l'Asie et de l'Europe qu'elle sépare. — Elle scintille coquettement au soleil et miroite, en s'allongeant mollement sous les ombrages des bosquets ou sous les balcons des kiosques.

Ici le flot lave sans relâche, comme s'ils devaient rester toujours immaculés, les murs blancs d'une batterie à fleur d'eau. A côté, comme la langue d'un géant qui se désaltérerait à cette vaste fontaine, un angle rouge du drapeau turc s'agite dans le courant.

Plus loin c'est un hameau d'Asie, Unkhiar-Iskelessi, célèbre par le traité de 1833, qui interdisait le passage du Bosphore et des Dardanelles à toutes les marines, excepté à celle de la Russie ; c'était une manière de remplacer virtuellement les chaînes qui, dit-on, barraient jadis les détroits en s'attachant aux deux rives. — Ce village est perdu dans des bois de cyprès et de platanes, et la pierre gravée, monument de la diplomatie russe, s'aperçoit à peine sous le feuillage qui en cache la perfidie aux yeux des passants.

En face est Buïuk-Déréh, grand village situé dans une anse au fond de laquelle s'étend une belle vallée qu'ombrage un immense platane dont la souche nourrit onze troncs, et sous lequel la chronique, conservée parmi les Francs du pays, rapporte que Godefroy de Bouillon campa avant de franchir ce détroit. C'est à Buïuk-Déréh que sont la plupart des habitations d'été des Européens fixés à Constantinople, notamment celles des membres du corps diplomatique.

Plus loin c'est encore un fort, car ils sont multipliés sur les deux bords, et leurs feux croisés rendraient le passage difficile. Il montre, dans ses embrasures blanches comme la neige, les gueules noires de ses canons. Au milieu s'élève une petite mosquée ombragée par le parasol immense d'un platane séculaire.

On ne tarde pas à rencontrer à droite Therapia, où est le palais d'été de l'ambassadeur de France ; cadeau magnifique fait par Sélim III au général Sébastiani ; séjour charmant où l'on vient chercher la fraîcheur du vent russe, en fuyant l'air chaud et insalubre des rues étroites et populeuses de Constantinople. Le palais de Therapia était autrefois à la famille Ipsilanti qui, après avoir trahi la Turquie pour servir la Russie, fut dépossédée.

A mesure qu'on avance et qu'on se rapproche de la grande ville, les rives du Bosphore se peuplent, et les groupes de maisons, de mosquées ou de villages, augmentent la vie de ce superbe canal. Bientôt on rencontre des deux côtés, et se tenant, de nombreuses maisons de plaisance, des kiosques élégants, des cafés, où Turcs,

Arméniens et Grecs, viennent oublier les affaires, contempler le ciel que reflète la mer. L'ambre de leur long tchibouk sur les lèvres, ils regardent d'un œil insouciant couler l'eau et tout ce que, dans son courant rapide comme le vol de l'hirondelle, elle emporte de caïks légers et gracieux. Le chant lointain d'un batelier que la brise porte avec elle, trouble seul le silence de cette nature splendide. De temps à autre, enveloppés de fumée et plongés dans une contemplation muette, les fumeurs sont tirés de leur torpeur par un bruit cadencé de rameurs qui frappent légèrement la surface de l'eau de leurs gracieux avirons en queue de poisson : c'est un vizir qui passe dans son caïk à vingt rames. L'embarcation se tient dans le milieu du courant, elle rase l'onde et file comme un oiseau ; c'est à peine si l'on a le temps de la voir, qu'elle est déjà loin.

A côté de la vie et du mouvement qui précède la capitale de l'Orient, vous apercevez un gazon verdoyant et fleuri qui couvre le pied de quelques tombes en marbre gracieusement sculptées. Placées sous un rideau de sombres cyprès, leurs images immobiles se répètent dans le flot calme et tranquille comme elles.

Plus loin vous arrivez devant un kiosque hermétiquement fermé, grillé comme un parloir de couvent. Derrière le treillis en bois vous entendez des rires, des chants, les sons métalliques d'une mandoline : c'est un harem. Folâtres, nonchalantes, trouvant les heures trop longues et la vie trop courte, les femmes qui l'habitent passent leurs journées à regarder monter et descendre les caïks, et probablement aussi ceux qui sont dedans.

Vous avancez toujours, et vous ne voyez pour ainsi dire plus de solution de continuité entre les habitations : les villages se touchent, les palais se multiplient, les navires de toutes les nations se groupent, attendant le vent, les uns pour remonter dans la mer Noire, les autres pour sortir du canal du côté de Marmara. On les voit alors se mettre presque à terre pour éviter le courant, et serrer les maisons de si près que les vergues entrent par les fenêtres. — Coup d'œil magique que l'imagination la plus féconde ne saurait inventer. — Ce sont des masses confuses de maisons en bois de toutes couleurs, d'une architecture gracieuse et pittoresque, surmontées de coupoles, de minarets blancs qui brillent au soleil et se détachent sur le noir feuillage des cyprès qui les entourent. Au milieu se balancent doucement les mâts des vaisseaux dont les coques brillantes tracent de larges reflets dans la mer ; puis, à fleur d'eau glissent, en tous sens, une multitude d'embarcations effilées, dont les rameurs en chemises de soie blanche semblent des alcyons qui les entraînent dans leur vol léger. Au fond du tableau, Constantinople apparaît dans toute sa splendeur avec la magnificence de ses admirables mosquées, élevant vers le ciel, pour que les prières y montent mieux, leurs milliers de minarets aux flèches dorées, aux galeries en dentelles, du haut desquelles s'échappent, comme des voix célestes, les appels sonores des muezzins qui invitent les croyants à la prière. — Le tableau est complet, admirable, il ne lui manque rien ; c'est la plus belle de toutes les natures servant de cadre à tout ce que l'art peut enfanter de plus magnifique.

ANADOLI HISSAR

PL. 2.

A l'entrée d'une gorge qui ouvre le continent asiatique est un village auquel le château-fort qui s'élève au milieu a donné le nom de Anadoli-Hissar. La vieille citadelle qui domine de riantes maisons a perdu son aspect terrible sous la verdure qui l'entoure et s'élève au-dessus d'elle. Les créneaux silencieux et déserts qu'enveloppent de tous côtés des lierres aussi âgés qu'eux, ne sont plus qu'un accessoire pittoresque dans le paysage ravissant qui s'incline et se mire dans les eaux. C'est l'Anatolie, c'est l'Asie qui descend là du haut de ses monts sauvages, et, sous l'appât trompeur de ses collines verdoyantes, elle déguise tout ce que ses âpres contrées offrent de tristesse et de fatigues au voyageur qui ne résiste pas à ses séductions fallacieuses.

On n'est point d'accord sur l'origine de ce lieu fortifié : les uns en attribuent la fondation aux empereurs grecs, ce qui paraît assez vraisemblable ; les autres la rapportent aux Génois, qui alors commerçaient dans la mer Noire, et pouvaient avoir besoin de ports militaires pour protéger leur marine ainsi que leurs comptoirs. Mais je sais par expérience combien il faut se méfier, dans ces parages, des souvenirs conservés aux Génois ; et, quoique la République de Gênes fût maîtresse d'une partie de Constantinople, eût des établissements en Crimée, il paraît fort douteux qu'elle ait élevé tous les châteaux qu'on lui attribue sur ces rivages. De même que les traditions grecques ou franques font honneur des forteresses du Bosphore aux empereurs grecs ou aux Latins, les Turcs les revendiquent de leur côté comme ouvrages de leurs sultans, et Anadoli-Hissar passe chez eux pour être l'œuvre de Mahomet Ier, aïeul du célèbre Mahomet II, le destructeur de la dynastie des Paléologues. Ce fut, dit-on, l'un des postes importants qu'occupa ce prince lorsqu'il vint mettre le siége devant Constantinople. Afin d'assurer à ses troupes le libre passage du détroit en cet endroit, il aurait fait construire sur la rive européenne un autre fort appelé Roumeli-Hissar, dont l'artillerie, combinée avec celle du château d'Asie, commandait le Bosphore à une grande distance. Par ce moyen, et avec le secours de la flotte nombreuse dont disposait Mahomet, qui déjà était maître du continent derrière Constantinople, il empêcha tout secours d'arriver à cette malheureuse ville qu'il investissait avec une armée de cent cinquante mille hommes.

Ce lieu a une célébrité beaucoup plus reculée que celle que peuvent lui prêter le héros ottoman, ou même les Génois et les empereurs de Constantinople. Il passe pour être celui où Xénophon fit franchir le détroit aux dix mille, le même où Darius jeta un pont pour transporter son armée dans la Thrace, et celui aussi où, quinze siècles plus tard, a traversé l'armée des croisés dont la majeure partie devait périr de misère dans les vallées désertes ou les défilés sauvages du Taurus. On conçoit, au reste, que cet endroit ait été, à des époques si éloignées les unes des autres, choisi pour opérer le passage de corps d'armée, car c'est la partie la plus étroite du Bosphore et celle où ses rives abaissées présentent le plus facile accès.

TOMBES DU CHAMP DES MORTS D'ANADOLI-HISSAR

(PL. 3)

Presque sous les murs de Roumeli-Hissar, et en face du château d'Asie qui lui correspond, se trouve un bois charmant de vieux cyprès dont les cimes élevées se courbent lentement pour laisser passer la brise. Leurs racines vigoureuses, tortillées comme de longs serpents, viennent plonger dans la mer. A leurs branches gracieuses, chargées de franges d'une verdure sévère, pendent d'innombrables lianes dont les festons enlacés soutiennent des fleurs mêlées à un léger feuillage. Au pied de ces cyprès s'étend l'épais tapis d'un gazon toujours vert et sous leur ombre mélancolique se dressent, dispersées ou groupées capricieusement, des tombes en marbre blanc. Les unes simples et modestes, mais élégamment sculptées, les autres plus considérables et variées de forme, toutes couvertes d'arabesques et de caractères dorés sur un fond d'azur, entrelacés de fleurs ciselées avec art. — Un vieux Turc me dit que ce petit champ des morts conservait la dépouille mortelle des guerriers de Mahomet II, qui périrent en attaquant cette rive que les Grecs défendaient avec tout l'acharnement que leur suggérait l'importance de ce poste militaire. Depuis ce temps-là, ajouta le Turc, cette terre ne s'est plus ouverte pour d'autres sépultures; on respecte sa destination première. — Tant pis, pensai-je, les morts sont si bien sous ces frais ombrages, entourés de fleurs, au bord de cette eau limpide; et je me pris à rêver au trépas sans tristesse et sans crainte : le lieu était si beau, les marbres tumulaires si purs, l'ombre si épaisse, et le gazon si frais! — Les Turcs, dans une pensée pieuse et sans doute philosophique, choisissent les sites les plus ravissants pour y creuser leurs tombes. — Quelle sage philosophie n'y a-t-il pas là-dedans! dépouiller la mort de ce qu'elle présente de repoussant à l'esprit par l'isolement, par l'aspect lugubre du lieu de la sépulture, en lui donnant au contraire pour séjour le plus gai, pour ombre les plus beaux arbres, mêlant les morts aux vivants, et faisant des cimetières les promenades dans lesquelles on aime à rêver en retrouvant un parent, un ami! — n'avons-nous pas quelque chose, sous ce rapport, à envier aux Turcs!

LES EAUX DOUCES D'ASIE.

(PL. 4)

Comme si les Turcs voulaient associer les morts à leurs fêtes, ou rappeler l'idée de la vie éternelle à l'esprit de ceux qui s'adonnent aux jouissances de ce monde, sur la côte asiatique, en face des tombes des guerriers de Mahomet II, s'étend une prairie où les Constantinopolitains se rendent en partie de plaisir. Des cafés, des kiosques, y offrent un abri sous lequel les hommes viennent chercher le repos et cette oisiveté qui leur est si douce, en fumant leur tchibouk ou leur narghiléh.

Sur le rivage est une fontaine autour de laquelle se rassemblent, de leur côté, les femmes turques qui fuient la ville pour respirer là l'air frais qui vient de la mer Noire. Cette fontaine, toute de marbre blanc sculpté et doré, est d'une architecture aussi riche qu'élégante. Elle a quatre faces sur chacune desquelles une vasque, en forme de conque, reçoit une eau limpide. Les angles sont ornés de colonnettes qui portent une espèce de frise toute chargée d'ornements servant de cadres à quatre inscriptions dont les caractères sont en or. Un toit extrêmement large, en forme d'auvent, s'avance sur les quatre côtés, et se termine par un petit pavillon que surmonte le croissant. Des espèces de petits clochetons sortent du toit aux quatre angles, portant également le signe symbolique adopté par les Turcs. Cette charmante fontaine est posée sur une plate-forme carrée à laquelle on arrive par quatre perrons. De magnifiques pins dont les branches s'étendent horizontalement, protégent de leur ombre impénétrable le réservoir dans lequel l'eau se maintient toujours fraîche. Ils abritent, le vendredi surtout, une foule de femmes musulmanes qui, de tous les lieux environnants, se rassemblent là avec leurs enfants, sous l'œil de gardiens noirs. Elles y passent le temps à manger des gâteaux, des confitures, des sucreries de mille sortes, dont les marmots ne sont pas les plus friands. Ce jour-là, l'échelle des eaux douces est trop étroite pour le nombre de caïks qui abordent pour y déposer les promeneuses et leur suite; aussi à l'heure de l'arrivée comme à celle de la prière du soir, voit-on sur les eaux du Bosphore une longue suite de bateaux remplis de voiles blanches au milieu desquels ressort çà et là la hideuse figure d'un nègre sans barbe. Les eaux douces d'Asie sont un des lieux les plus renommés, et à juste titre, des environs de Constantinople.

ÉCHELLE DE BECHIK-TACH

PL. 3

Ce village n'est pas un des plus grands du Bosphore, mais il offre aux promeneurs des tentations telles, qu'ils passent difficilement devant son échelle sans s'y arrêter. Une petite place prolongée, je devrais dire conquise, sur les eaux, au moyen de pilotis, donne toute aisance à ceux qui débarquent. Des boutiques, voisines de ce débarcadère, étalent aux yeux des consommateurs les vertes pastèques de Smyrne, les melons sucrés de Syrie, les belles pêches de Brousse, des grenades apportées de Perse, des gâteaux au safran, des fruits confits, des cédrats, des oranges de Rhodes ou de Malte, du vin de Chio et de Samos; enfin, à voir l'étalage des marchands de l'endroit, on comprend que ce soit un des plus fréquentés.

Sous les branches tutélaires d'un grand platane s'abrite un balcon en bois sculpté, sous lequel clapote incessamment l'onde agitée par le va-et-vient continuel des embarcations. Quelques hommes silencieux y sont assis; ils paraissent absorbés par des pensées sérieuses : ce sont des Caïkdjis qui, en attendant les passagers, dégustent leur tabac de Salonique et se préparent gravement à demander au cavedji un finjan de café.

Au fond de la place on arrive par quelques marches à un autre café, celui des *tchelebis*, c'est-à-dire des élégants. Les jours de fête il est fort bruyant; ce n'est pas du fait des consommateurs, qui sont invariablement silencieux, ou ne parlent que par monosyllabes. *Oui* et *non* sont les mots qu'ils prononcent le plus, et dans leur conversation ils font l'office de toutes les phrases qu'ils se contentent de penser. — L'animation dont je parlais est due à un concert qu'exécutent deux ou trois musiciens placés sur une estrade, armés d'un aigre violon et d'une mandoline fêlée. Il ne m'a jamais été possible de deviner, par leur physionomie, l'effet que cette musique produit sur les assistants. Si j'en croyais mes oreilles européennes, je n'hésiterais pas à penser qu'elle leur est peu agréable; mais les *dilettanti* étant là de fondation, pour peu que la réunion soit nombreuse, je suis bien obligé de croire qu'ils procurent une certaine jouissance aux oreilles turques.

A côté de ce café est la mosquée, qu'entourent des cyprès derrière lesquels s'aperçoivent les collines dont les pentes boisées forment la rive européenne du détroit.

Le village de Bechik-Tach a dû autrefois son importance au séjour que le sultan Sélim III faisait avec sa cour dans le voisinage. C'était alors un lieu très-fréquenté, parce que le palais impérial attirait une affluence considérable de gens de toutes conditions. Aujourd'hui Bechik-Tach est plus calme; mais les amateurs de *kief* et de *musique* lui sont restés fidèles.

PALAIS DU SULTAN SÉLIM

(Pl. 6)

Le sultan possède, à titre d'héritier de la couronne, un grand nombre de palais appartenant à son domaine impérial, et dans lesquels il ne met jamais les pieds. C'est la conséquence d'un usage qui n'est pas seulement particulier à la Turquie mais qui s'étend à tout l'Orient : les princes n'habitent pas les demeures de leurs prédécesseurs. Or, les empereurs turcs tiennent à honneur de faire preuve d'une grande piété, par la construction d'une mosquée; de même la grandeur de leur faste doit-il se manifester par la création d'un palais; d'où il suit qu'avec la coutume que j'ai citée, il y a un grand nombre d'habitations magnifiques dont le sultan n'a jamais passé et ne passera jamais le seuil. Au reste, si cette coutume a eu l'inconvénient, pour les peuples, de leur faire supporter les charges de la dévotion et de la magnificence de leurs souverains, il ne faut pas la juger trop sévèrement, en pensant que c'est à elle que Constantinople et le Bosphore doivent leurs admirables points de vue.

Le palais du sultan Sélim est voisin du village de Bechik-Tach. On l'appelle communément du même nom, ou proprement Tcheïrân-Ialessi, surnom qui lui est particulier. Il est fort remarquable extérieurement, et très-vaste, mais, s'il donne bien une idée de la pompe ottomane au temps où il fut fréquenté par son auteur, il faut dire qu'il n'en donne pas une bonne de son goût. C'est un mélange d'architecture turque et de style grec : des colonnes en marbre, d'ordre corinthien, y supportent des pavillons en bois peint. Rien ne saurait mieux faire comprendre l'amalgame singulier que, dans leur ignorance prétentieuse, certains Turcs *avancés* font de leurs usages, de ce qui leur plaît, de ce qui est leur goût naturel, avec les arts et la civilisation d'occident. Le palais de Bechik-Tach est une grandiose caricature, et c'est comme dans beaucoup d'autres choses qui frappent moins le regard, le Turc de la *réforme* avec une capote militaire, sans cravate, un bonnet rouge à gland bleu sur la tête, et aux pieds des babouches sans bas.

Néanmoins, je ne dirais pas toute la vérité si je n'ajoutais que le Tcheïrân-Ialessi produit un admirable effet avec tous ses kiosques, ses galeries, ses escaliers de marbre qui descendent dans la mer, même avec ses colonnes, et ses balcons qui rasent l'eau, le tout répété dans le flot limpide du Bosphore, entouré de la plus riche végétation, encadré dans ce merveilleux ensemble qui est l'Orient.

Ce palais est dû à Sélim III qui, réformateur, déjà à la fin du siècle dernier, paya de sa vie ses velléités d'européanisme, parce que, au gré des janissaires, elles sentaient le *guiaour*. Désireux d'avoir une maison de plaisance qui ressemblât à celles d'Europe, il chargea un architecte français, M. Melling, de construire celle de Bechik-Tach. Mais il était difficile de satisfaire aux goûts orientaux avec une architecture européenne; de disposer, par exemple, des ordres grecs de telle manière que le Grand Seigneur pût, sans quitter son sofa, pêcher à la ligne par une trappe pratiquée au-dessus d'une arcade qui permettait à la mer et à ses poissons de venir flatter la passion de S. H. Le problème fut résolu cependant, et l'on voit encore les cabinets de pêche de l'empereur ottoman.

À côté du palais est une caserne avec une batterie qui ne servait qu'aux salves tirées en l'honneur du sultan. Au milieu s'élève, selon l'usage turc, un pavillon en bois à plusieurs étages en retraite, dont le dernier est surmonté d'une immense hampe à laquelle flotte un gigantesque étendard rouge portant le croissant et l'étoile.

POINTE DE SCUTARI

(Pl. 7)

Cette pointe est celle que les Stamboulis appellent Iskuder-Bournou, ou cap de Scutari. C'est à vrai dire là que finit le Bosphore, car le flot qui bat du côté du Sud cette terre avancée vient de Marmara. C'est là aussi que commencent Scutari et Constantinople.

On a, en cet endroit, la vue la plus étendue, l'aspect le plus général de la grande capitale turque et de ses environs. À droite s'ouvre la vaste corne d'or, au fond de laquelle se meuvent des milliers de navires de toutes nations, à l'ancre devant les quais animés de Pera, sous les mosquées de Stamboul dont les flèches effilées se confondent avec la mâture des vaisseaux. A gauche, sur le fond sombre d'une forêt de cyprès, se dessine la silhouette du coteau sur lequel Scutari est placée en amphithéâtre. A la pointe extrême est le petit palais qu'on appelle Adjem-Keuchk, c'est-à-dire le kiosque persan, parce que l'architecte qui l'a construit a voulu imiter les kiosques de Perse; mais je dois dire qu'il n'a pas réussi, et que celui-ci ne ressemble en rien à ceux d'Ispahan.

Au fond de ce tableau s'aperçoit dans une vapeur dorée, sous le soleil flamboyant, l'horizon de Marmara, et plus loin la cime neigeuse du mont Olympe qui domine la ville de Brousse.

Entre la pointe de Scutari et celle du Sérail qui lui fait face se trouve un îlot sur lequel une tour élégante porte une lanterne dans laquelle brûle le fanal qui éclaire l'entrée du port. On appelle ce monument vulgairement, et fort mal à propos, la tour de Léandre. — Que vient faire en ce lieu ce nom de Léandre! Cette victime de l'amour a illustré les eaux de l'Hellespont, mais je ne sache pas que le beau Grec d'Abydos ait traversé à la nage celles du Bosphore. — Au reste, ce qui a accrédité ce nom en cet endroit, c'est sans doute celui que les Turcs donnent à ce monument qu'ils appellent Kiz-Koulessi ou la tour de la Jeune Fille. Ceci vient de ce qu'il existe une légende qui raconte que sur ce rocher fut enfermée jadis une princesse grecque. Les Francs, ne connaissant pas la tradition du pays, auront pris la jeune fille qui en est l'héroïne pour Héro. Ils en auront conclu que cette tour a remplacé le fanal qu'allumaient les mains de la belle prêtresse de Vénus pour guider son amant, et qu'éteignit pour toujours la tempête, le jour où le corps meurtri de Léandre échoua sur le rivage de Sestos.

CONSTANTINOPLE

(PL. 8)

La position de Constantinople est, en grande partie, ce qui lui vaut l'admiration des voyageurs. Assise sur une presqu'île que baignent à la fois les eaux d'une rivière, celles du Bosphore, et les vagues de la mer de Marmara, elle est bâtie sur des collines qui forment autour de son port un immense et riant amphithéâtre. Cette situation unique, qui a fait la gloire de cette ville sous les Romains, augmenté ses richesses sous les empereurs grecs, causé sa servitude sous les Turcs, et qui en fait, dans le temps présent, un objet de convoitise pour ses voisins, n'avait point échappé, dans les temps reculés, à ces aventuriers sortis du Péloponèse et qui allaient chercher des territoires loin de leur patrie devenue trop étroite pour les contenir.

On raconte que ce furent des Mégariens qui, sous la conduite d'un certain Byzas, abordèrent les premiers à la pointe de la presqu'île qui commande l'entrée du Bosphore. Ils y fondèrent une bourgade à laquelle ils donnèrent le nom qui rappelait celui de leur chef. Ce fut ainsi que dans l'antiquité cette ville porta le nom de Byzance par lequel sont restés désignés les mœurs, les arts et, en général, tout ce qui caractérise la civilisation particulière à cette grande métropole de l'Orient.

La nouvelle ville eut à subir le sort des faibles. Ses fondateurs avaient trop bien choisi leur emplacement pour ne pas attirer sur elle la cupidité et la jalousie. Byzance fut promptement l'objet de l'envie de tous ceux qui se sentaient assez forts pour essayer de s'en emparer; et il faut dire que cela paraît avoir été assez facile, car on la voit changer de maîtres fréquemment. Darius fut le premier occupant; après lui, elle tomba au pouvoir des Ioniens entre les mains de qui elle resta, jusqu'à ce que Xercès les en eût chassés. Les Lacédémoniens y vinrent à leur tour sous la conduite de Pausanias, qui s'intéressa à cette colonie, à cause de son origine grecque, et lui donna de l'extension. Plus tard ce furent les Athéniens qui participèrent à son agrandissement. Elle était arrivée à être une cité opulente, et à posséder une marine redoutable. Mais ce que la situation de Byzance faisait pour son opulence et le développement de sa marine était grandement balancé par ce que cette même situation lui suscitait d'ennemis et de voisins avides de lui ravir ses richesses. Elle avait continuellement à se défendre contre eux et ne pouvait, même au prix de tributs énormes, en obtenir la paix.

L'Empire romain ne savait plus de quel côté s'étendre, alors qu'il avait atteint les dernières limites de l'Europe. Il avait tourné ses vues du côté de l'Asie. Byzance devait être un des points sur lesquels se fixerait le regard de l'aigle, et elle ne tarda pas, en effet, à se sentir étreinte dans ses serres redoutables. Les Byzantins se firent l'illusion de se croire les alliés de Rome, alors que Rome ne songeait qu'à profiter de leur marine, et à les grever d'énormes tributs. Bientôt, sous prétexte qu'ils ne savaient pas être libres, Vespasien leur donna un maître en installant chez eux un gouverneur romain. Cette malheureuse ville avait fait un premier pas dans la voie d'asservissement où elle devait infailliblement tomber, quand Septime Sévère vint consommer sa captivité et sa ruine. Après un siége de trois années, qui l'honore, elle fut prise, sa garnison fut passée au fil de l'épée, ses habitants furent dépouillés de leurs richesses, et ses murs furent rasés.

Ce ne fut que beaucoup plus tard, sous le règne de Constantin, que Byzance changeant de nom et prenant celui de Constantinople, put, sinon voir ses malheurs finis, du moins prendre un essor qui en fit l'une des plus grandes et des plus belles capitales du monde. L'empereur Constantin, que l'on peut en quelque sorte considérer comme le fondateur de la nouvelle ville, voulut l'enrichir des dépouilles de toutes les autres; et de tous côtés, le monde étant à lui, il fit venir les objets d'art les plus remarquables afin d'en embellir sa ville de prédilection. Il poussa même l'engouement pour sa cité favorite, jusqu'à exiger que les habitants du continent asiatique ne pussent laisser leurs biens à leurs héritiers sans avoir préalablement construit à leurs frais une habitation dans sa nouvelle capitale. On conçoit qu'avec un pareil système elle devait s'embellir et s'agrandir; aussi fut-elle bientôt obligée de reculer ses limites et de porter plus loin ses murailles.

Mais si Byzance avait, sous le nom de Constantinople, vu croître son importance et sa beauté, sa destinée malheureuse ne changea pas. Guerres civiles, siéges, famines, pestes, tremblements de terre ou incendies, elle essuya tous les fléaux possibles. Après être tombée au pouvoir des croisés français, et avoir vu monter sur le trône des Comnènes deux Baudouins qui régnèrent trente-cinq ans, elle retomba sous la dépendance des empereurs grecs de la famille Paléologue, sans jamais cesser d'obéir à sa destinée; et, point de mire de toutes les ambitions comme de toutes les attaques, elle dut se défendre plusieurs fois contre les hordes ottomanes qui, après avoir pris un accroissement redoutable au centre de l'Asie Mineure, étaient descendues jusque sur les rives du Bosphore pour le traverser et faire irruption en Europe.

L'empire d'Orient était fort réduit. Amurat lui avait arraché toute la Thrace, et avait établi le siége de sa puissance à Andrinople. Son fils Bajazet ayant conquis à son tour la Thessalie et la Bulgarie, il ne lui restait plus, pour être maître de tout le rivage du Bosphore, qu'à s'emparer de Constantinople; mais il l'assiégea vainement. Ses successeurs firent de semblables tentatives, ne laissant ni paix, ni trêve aux Constantinopolitains, et les janissaires de Mahomet II finirent par prendre d'assaut, en 1453, leurs murailles battues en brèche par la fameuse pièce de canon que trois cents bœufs traînaient avec peine, et qui lançait des boulets de 6 à 7 quintaux.

A suivre les diverses phases et péripéties de Constantinople, à voir se succéder des Grecs, des Romains, des Latins, puis des Turcs, on pourrait avec raison croire que cette ville a un aspect étrange et qu'elle est une grande mosaïque composée d'édifices appartenant à tous les âges, présentant tous les caractères, esclave revêtue de toutes les livrées. Mais les guerres, les incendies, les tremblements de terre, et probablement aussi le fanatisme turc ont fait disparaître, à diverses époques, ce que cette capitale conservait de celles antérieures; si bien, qu'à très-peu de monuments près, ou plutôt de débris, il ne reste rien de sa vie romaine, rien de son existence grecque sous les Comnènes ou les Paléologues, moins encore de celle pendant laquelle elle fut au pouvoir des Français; et tout ce qui lui donne de nos jours sa physionomie à la fois majestueuse, élégante, et pittoresque est le fait des Turcs. Ce sont, en effet ses magnifiques coupoles, ses sveltes minarets, les palais, les kiosques, d'innombrables cyprès, des myriades de caïks qui lui donnent cet aspect grandiose, enchanteur, à nul autre pareil, qui a fait dire à M. le vicomte de Chateaubriand, dans son *Itinéraire à Jérusalem :* « On n'exagère point quand on dit que Constantinople offre le plus beau point de vue de l'univers. »

VUE GÉNÉRALE DE STAMBOUL.

(PL. 8)

Les points de vue que présente de tous côtés Constantinople, sont si merveilleux qu'on serait fort embarrassé s'il fallait se prononcer et désigner celui qui l'emporte. La Corne d'Or, avec son amphithéâtre garni de trois villes, Stamboul, Pera et Galata, est certes bien grandiose. Toutes les vues partielles, prises de différents endroits, sont aussi séduisantes par les détails, que saisissantes dans leur ensemble. Mais il existe un aspect de Stamboul qui a inspiré à Victor Hugo ces vers des Orientales :

> . . . . Stamboul qui, sur ce bord,
> Dressant mille flèches ensemble,
> Se berce dans la mer et semble
> Une flotte à l'ancre qui dort.

Il est impossible de mieux rendre l'effet que produit de loin cette grande ville, de mieux dépeindre cette fille de la mer, cette Rome maritime qui, par une singulière bizarrerie, s'élève comme sa rivale italienne, sur sept collines.

Tout d'abord l'œil n'aperçoit que des pointes hérissées et menaçant le ciel. De tous côtés ce ne sont que mosquées surmontées de croissants, minarets qui s'élancent et dardent leurs flèches brillantes au-dessus de la vapeur qui couvre la ville, et dans laquelle se perdent les masses confuses des maisons. Admirablement disposés, placés au sommet des collines qui les dégagent, ces magnifiques temples d'Allah surgissent majestueux de ce milieu vulgaire. Ils portent vers le ciel les noms glorieux des sultans Mahomet, Bajazet, Soliman, Achmet, Sélim, qui les ont élevés. Leurs coupoles éblouissantes renvoient au soleil les rayons dont il les embrase, et leurs minarets blancs, hardis, élancés, semblent vouloir de leurs mille pointes acérées ouvrir le paradis des houris à leurs auteurs, disciples fidèles du Prophète.

Au-dessus de Stamboul, à la pointe extrême et la plus avancée dans la mer, descend de terrasse en terrasse, comme sur d'immenses gradins, le Sérail et ses cent palais, avec ses kiosques, ses pointes dorées qui percent çà et là la voûte verdoyante de ses bosquets, abris silencieux qui couvrent de leur ombre épaisse les mystères du harem que protége encore une haute et vieille muraille crénelée. Dans le fond, à gauche, s'aperçoivent les donjons du célèbre château des Sept-Tours, prison d'État que baigne la mer dont les flots ont plus d'une fois étouffé les plaintes d'illustres captifs. C'est là qu'autrefois le Grand-Seigneur, sans respect pour les gouvernements chrétiens, faisait enfermer leurs ambassadeurs quand ils avaient la hardiesse d'élever la nation qu'ils représentaient au niveau du turban du calife de Mahomet.

Sur la droite, un peu en arrière, et comme annexe à la grande ville de l'Islam, se montrent les hauteurs de Pera et de Galata, les deux quartiers, je devrais dire les deux villes chrétiennes, celles où sont réunies toutes les habitations des Francs. Quelques palais ressortent çà et là : ce sont ceux des ministres étrangers. Des minarets s'élèvent aussi dans cette atmosphère chrétienne. — C'est que les Turcs vivent là en bon voisinage avec les Francs de toute nation, qui, depuis les Paléologues au XIIIe siècle, ont acquis droit de cité sur cette rive.

Dans l'espace que laissent entre elles la ville turque et la ville européenne, au-dessus de la mer, se dresse une forêt de mâts : pêle-mêle de mâtures, de voiles, de cordages, de flammes et de pavillons qui s'agitent dans les airs, représentants des marines du monde entier.

POINTE DU SÉRAIL.

(PL. 9)

Le sérail du Grand-Seigneur c'est une ville. Il s'y trouve, non pas seulement l'habitation particulière du sultan avec son harem, il y a encore plusieurs casernes, des mosquées, des bains, des écuries, des cours immenses, de vastes jardins, cent kiosques, des appartements de toute sorte pour la suite de S. H. et pour les gens de sa maison. Le sérail est si grand, qu'il passe pour occuper à lui seul l'emplacement de l'ancienne Byzance. Il s'étend sur la pointe extrême de la presqu'île ou du triangle dans lequel est compris Stamboul. Ainsi les murs qui l'enferment commençant au Nord, dans le port, se prolongent en passant par-dessus la colline la plus avancée dans les eaux, et vont finir à la mer, au Sud. La ville et le sérail sont, pour ainsi dire, deux triangles inscrits l'un dans l'autre, avec un sommet commun et des bases presque parallèles. C'est cette forme qui motive le nom de Pointe du Sérail, en turc Seraï-Bournou.

Quoique le sérail se présente en amphithéâtre, on en voit très-peu de chose, c'est-à-dire qu'on en aperçoit les toits, la coupole d'or, les minarets, quelques fenêtres grillées, mais rien de son mouvement, de sa vie. Tout y est secret, caché, et se passe derrière des murs élevés ou des masses d'arbres dont le feuillage impénétrable est un sûr rideau. Toute la partie basse de cette vaste demeure impériale est occupée par des jardins dont la magnifique végétation s'élève et retombe par-dessus des murs crénelés flanqués de tours carrées qui attestent un âge reculé. A voir leur construction et la nature de leurs matériaux, on peut leur prédire quelques siècles encore de durée. Les sultans à venir pourront continuer à mettre leur harem en sûreté derrière

A la base de la portion de cette muraille qui borde le port, sont adossées quelques constructions en bois : ce sont des remises pour les caïks du Grand-Seigneur. C'est là qu'on retire les longues embarcations dorées dans lesquelles le sultan se rend aux mosquées ou à son palais du Bosphore. A la pointe extrême le pied des murs est garni de batteries couvertes qui paraissent protéger le sérail, mais dont les canons n'ont d'office réel que celui d'annoncer la sortie et la rentrée de S. H. ou de rendre les saluts faits par les navires qui arrivent. Cette batterie, qui a fait donner à cette partie des murs le nom de Top-Capou ou porte des Canons, est surmontée par un grand pavillon qu'on appelle Mermer-Keuchk ou Yali-Keuchk; il fut élevé par Soliman II surnommé *le Grand, le Conquérant, le Magnifique, le Législateur.* Autrefois c'était dans ce kiosque que le capitan-pacha venait prendre congé de son souverain avant de mettre à la voile avec sa flotte mouillée à l'entrée de Marmara. C'est donc de là que partirent les vaisseaux de Soliman pour enlever la Morée et l'archipel aux Vénitiens, s'emparer d'Alger et de Tunis, arracher Rhodes aux Hospitaliers, mais reculer devant Malte.

La mer commence à ce pavillon, et les vieux murs se prolongent, ne présentant à la vague qui les couvre de son écume que leur nudité sévère, hâlée par les vents et le soleil. C'est là que tout bas, on raconte que la nuit quand on passait sous les créneaux de cette muraille muette, on entendait des cris étouffés, le bruit d'un corps tombant dans la mer, puis rien. . . . . . de grands cercles seulement s'élargissaient, en se succédant, et venaient se briser au pied du sérail — c'était la justice du Grand-Seigneur; son turban avait été souillé; Marmara devait en laver la tache. — Cet usage est aboli, dit-on; mais le sérail garde ses secrets, et la mer ne parle pas. Le flot de la Propontide n'en continue pas moins de baigner la base de ces murs, — comme un chien reconnaissant, il semble lécher le pied du maître qui le nourrit.

ENTRÉE DE LA CORNE D'OR.

(PL. 10.)

Quand on a laissé, d'un côté le Bosphore, de l'autre la pointe du Sérail, on se trouve dans le port anciennement appelé la Corne d'Or. A gauche, la silhouette de Stamboul se dessine dans la vapeur, les coupoles des mosquées et leurs minarets seuls sont caressés par le soleil. L'astre radieux d'orient fuit les bas quartiers et les rues étroites qu'assombrissent les toits avancés et les mille auvents des boutiques. A droite se présente, en pleine lumière, la colline où la ville européenne commence par Galata et se termine au sommet par le faubourg de Péra. Ce quartier européen est également peuplé de Turcs, de Grecs, d'Arméniens, et a presque autant de couleur que Stamboul. Seulement c'est là exclusivement que s'est agglomérée la population franque. Cette partie de Constantinople a d'ailleurs si peu perdu de son caractère turc, que le quartier qui borde l'eau est un des plus pittoresques et des plus remarquables de la ville. On y rencontre d'abord les bâtiments de l'arsenal, avec une caserne et une batterie basse à côté de laquelle s'élève, d'un air fier et martial, l'immense tour de l'Étendard ottoman. Puis, comme si l'idée de Dieu devait toujours accompagner celle de la guerre, une magnifique mosquée s'élève du milieu de cet appareil guerrier. Un peu plus loin une autre mosquée se relie à la précédente par une suite de cyprès qui mêlent leurs noires pyramides au feuillage plus élégant des sycomores et des platanes.

En arrière-plan se montent les unes sur les autres les maisons de Galata, qui s'en vont se perdre au fond du port dans une perspective pleine de pittoresque et de couleur. Les derniers plans de ce tableau sont formés par une ligne de vieilles tours carrées que domine de sa hauteur gigantesque, celle dite *de Galata :* c'est la vigie des gardes chargés de donner l'alarme dès qu'il se manifeste un de ces incendies terribles, fléau qui menace constamment cette ville dont toutes les maisons sont en bois de sapin. La tour de Galata se dresse au milieu des habitations comme une sentinelle qui veille sur elles.

MOSQUÉE DU SULTAN MAHMOUD

A TOP-HANA

(PL. II)

Top-hana signifie littéralement *maison des canons*, autrement dit arsenal. En effet, il y a en cet endroit, qui est la première échelle de Pera, un arsenal dans lequel se trouve une fonderie pour l'artillerie, et des ateliers d'armuriers. Cet établissement ne date pas de longtemps ; c'est une des innovations léguées par le sultan Mahmoud II, qui introduisit tant de réformes dans son empire. Celle d'affranchir son pays du tribut qu'il payait à l'étranger pour en obtenir des canons et des fusils, est certes une des plus patriotiques et des plus méritoires. Ce fut dans ce but qu'il fonda l'arsenal de Top-hana, où il appela à son aide tout ce que la Turquie put lui fournir d'ouvriers habiles, sans distinction de religion. Aussi, voit-on là les chrétiens, la plupart Arméniens, coopérant avec les Musulmans à l'armement des troupes.

Dans cet établissement, on fond des canons de tous les calibres, pour lesquels on emploie le cuivre que produit l'Anatolie. On le tire de Tokat, ville dans le voisinage de laquelle sont des mines très-riches, longtemps languissantes, mais qui, depuis l'introduction d'ingénieurs européens dans les ateliers, ont repris une grande activité qu'entretient leur fécondité. A côté des canons se fabriquent les projectiles, et les Turcs ne sont plus réduits, comme au temps de Soliman, à charger leurs pièces avec des boulets de marbre. On fait également à Top-hana, des fusils sur le modèle européen ; car, depuis la réforme qui a complétement changé l'habit et l'armement militaires, l'armée turque régulière ne se sert que de fusils semblables. En jetant son turban et ses habits somptueux, ses larges culottes, ses vestes brodées de soie et d'or, ses ceintures garnies de pistolets et de yatagans avec lesquels elle avait su conquérir une partie de l'Asie, Constantinople, et aller jusqu'à Vienne, en jetant tout cet attirail de sa vieille gloire, la jeune armée turque a renoncé à ses beaux fusils en damas, incrustés d'or, à crosses toutes marquetées d'ivoire, d'argent et d'écaille. Ces belles armes, aussi parfaites qu'elles étaient riches, sont devenues des objets de curiosité. Elles encombrent aujourd'hui les boutiques du Bezestein, et les Européens les recherchent tellement, que bientôt il ne s'en trouvera plus à Stamboul.

Le soldat turc de nos jours a un aspect misérable, étriqué, ridicule même ; on en fait la caricature du soldat d'Europe. Une veste ronde disgracieuse, sans épaulettes, ouverte du haut sur un col sans cravate, surmonte un pantalon dont le fond, d'une ampleur prodigieuse et ballonné, donne à celui qui le porte une tournure grotesque. La chaussure du fantassin est une paire de babouches, quelquefois noires, mais le plus souvent rouges ou jaunes ; et, comme tempérament à ce que cet habillement chrétien a de répulsif pour tout bon mahométan, on a conservé aux militaires le fez ou bonnet rouge national orné du gland bleu. Une giberne et une baïonnette suspendues à un ceinturon de cuir noir complètent l'équipement d'un fantassin ou nizam turc. Reste à savoir si, ainsi transformée et rapprochée des usages européens, l'armée turque actuelle sera plus capable de défendre et de sauver l'empire du sultan contre les ennemis qui le menacent ; reste à savoir si, en attiédissant, par un rapprochement vers les idées chrétiennes, ce vieux fanatisme ottoman, on n'a pas affaibli l'esprit national des Turcs, paralysé une partie de la force qu'ils puisaient dans leurs coutumes orientales, et préparé ainsi la ruine de Constantinople. — Les mameluks n'ont pas su vaincre aux pyramides et ils se sont brisés contre les carrés français, il est vrai ; mais que pourraient davantage les fantassins ou les cavaliers de la réforme ! — Beaucoup moins peut-être — car les armes qu'ils ont dans les mains ne leur sont pas familières ; ce ne sont pas celles avec lesquelles leurs pères, dans leurs montagnes, les ont fait jouer enfants, celles que, jeunes gens, ils se sont exercés à manier adroitement ; et la discipline militaire ou les manœuvres de l'Europe, d'ailleurs mal interprétées ou très-imparfaitement comprises des chefs, ne sont qu'une entrave pour l'esprit indépendant et l'allure libre des soldats. Pour qui connaît les Kurdes et les montagnards des Balkans, du Taurus ou du Liban, il est incompréhensible que l'on espère jamais faire de ces hommes des soldats réguliers à l'Européenne, manœuvrant comme des Prussiens, agissant avec cette souplesse disciplinée, cette intelligence de l'art militaire qui distinguent les Français. On peut dire, et l'événement le prouvera malheureusement tôt ou tard, que l'on a absorbé, sans profit pour la tactique européenne, le fanatisme qui faisait la force et l'énergique élan des milices turques. On leur a enlevé cette ardeur religieuse qui faisait de chaque Turc un guerrier ne reculant devant aucun péril, parce qu'il combattait en suivant ses propres inspirations pour vaincre ou aller au ciel de Mahomet. En leur arrachant les glorieuses traditions de Mahomet II et de Soliman, on a ébranlé la barrière qui s'opposait aux envahissements qui ne peuvent manquer à la destinée de la malheureuse Constantinople.

Mahmoud II, père du sultan Abdoul-Medjid actuellement régnant, comme s'il avait été pris d'un remords ou d'un scrupule religieux après avoir ainsi européanisé son armée, semble avoir voulu expier cette faute ou appeler sur les idées nouvelles la protection de Mahomet, en élevant au milieu de l'arsenal une magnifique mosquée. C'est une des plus belles de Constantinople; l'or recouvre sa coupole ainsi que les pointes effilées de ses minarets. Aussi élégante que majestueuse, elle s'élève sur une espèce de petite place formée par une cour intérieure de l'arsenal, s'étendant jusqu'au quai auquel abordent les caïques qui portent les officiers ou les employés de toutes sortes attachés à cet établissement. A quelques pas du bord se dresse une haute tour en bois avec des ornements sculptés, formée de trois étages en retraite qui se terminent par la hampe énorme d'un immense drapeau rouge, sur lequel se détachent en blanc le croissant et l'étoile.

※

ÉCHELLE DE TOP-HANA.

(Pl. 12)

Près de l'arsenal de Top-hana, et portant le même nom, est une des nombreuses échelles où abordent sur les deux rives de la Corne d'Or les caïques qui, par milliers, sillonnent ses eaux en tout sens. Cette échelle, qui est le principal débarcadère où l'on prend terre pour monter à Pera, est une des stations les plus animées du port; c'est ordinairement là qu'abordent ou s'embarquent les ministres étrangers qui vont à Buiuk-Dehrè, les voyageurs qui arrivent de l'Archipel ou de la mer Noire, les fonctionnaires de tout rang qui se rendent à leurs affaires ou reviennent de la Porte. On y voit se succéder les négociants qui ont à visiter des navires et leurs cargaisons, les promeneurs qui vont à Marmara ou à Scutari, ou qui veulent remonter le Bosphore.

L'*Iskeléh*, comme disent les Turcs, ou l'échelle, est une plate-forme en planches, établie sur des pilotis et avançant sur la mer. Une marche ou deux, sur les côtés, facilitent aux passagers l'entrée ou la sortie des caïques. Ce quai est encombré de bateliers ou *caïkdjis*, en chemises de soie blanche, empressés dès qu'ils voient apparaître quelqu'un qui semble vouloir s'embarquer; ils se disputent cette proie, en faisant valoir la légèreté de leur caïque, sa fraîcheur, le tapis qu'ils y étendent pour que le passager y soit confortablement. Dans cette occasion, on voit les rameurs turcs sortir tout à fait de leur caractère, et déployer une loquacité qui est en désaccord avec leurs habitudes. Cette foule de caïkdjis s'augmente d'un nombre considérable de portefaix qui, eux aussi, attendent les pratiques, et se disposent à escalader hardiment les rues escarpées de Pera pour y porter les bagages des voyageurs, et les ballots des négociants.

L'espèce de petite place où tout ce monde s'agite et vit aux dépens de la colonie européenne, est ombragée par un vieux et énorme platane sous lequel s'abritent *caïkdjis* et *hammals*. A la limite de l'ombre qu'étend autour de son tronc vénérable l'arbre aux larges feuilles, s'élèvent des maisons pittoresques en bois, enfumées, où sont des cafés. C'est là que vont se délasser en aspirant leur tchibouck, les rameurs qui descendent du Bosphore, en attendant une nouvelle course.

—⁂—

i

MOSQUÉE DE KILITCH-ALI-PACHA.

(Pl. 13)

Quand on quitte le quai de Top-hana, on entre dans une rue assez large qui mène à une place portant le même nom. A droite sont des cafés spacieux s'ouvrant sur un grand portique à l'italienne devant lequel sont formées, avec des barrières et grillages en bois, des enceintes extérieures où les consommateurs peuvent se donner le plaisir de s'asseoir sous le beau ciel du pays. Véritables tours de Babel, ces cafés donnent l'idée la plus complète de la confusion des langues. On y entend parler tous les langages de l'Europe, de l'Asie ou de l'Afrique. Tous les idiomes s'y mêlent et multiplient les nuances. — Turcs, Grecs, Slaves, Dalmates, Italiens, Français, Anglais, Allemands, Russes, Géorgiens, Circassiens, Persans, Arabes de la Mecque ou de Tunis, Égyptiens, tous assis sur des bancs ou des espèces de sofas, fument, prennent le café, causent ou jouent. Au milieu de ce brouhaha, les Turcs se distinguent par leur physionomie grave et leur taciturnité. Ils semblent plongés dans une méditation extatique; leurs doigts seuls remuent d'une façon imperceptible en roulant les grains de leur chapelet.

La place de Top-hana est une des plus originales et des plus populeuses, comme des plus curieuses de Constantinople. Au centre est une magnifique fontaine à quatre faces, de chacune desquelles l'eau jaillit et tombe dans une vasque où tout le monde peut puiser. Ce petit édifice, — on peut l'appeler ainsi à cause de ses dimensions et de la manière dont il est conçu — ce petit édifice a été construit avec un luxe qui a fait choisir les plus belles matières. Chacune de ses quatre fontaines est figurée par une arcade ogivale encadrée de moulures et de rinceaux découpés, ornés, représentant des fleurs de toute sorte. De chaque côté est une niche dont la partie supérieure est formée par des encorbellements gracieux. Tout autour du monument règne un large cordon sur lequel s'entrelacent des guirlandes de feuilles et de fleurs très-délicatement sculptées. Au-dessus de ce cordon, qui est double, est une suite d'inscriptions en lettres d'or sur marbre noir, et le tout est surmonté d'une espèce de frise ornée d'une succession de petites colonnettes portant des arceaux sur lesquels sont des bouquets en marbre de couleur. Aujourd'hui le faîte de cette fontaine n'est pas en harmonie avec elle. La manie de réforme s'est attaquée même à la pauvre *Tchechméh*, et un architecte européen a porté une main aussi maladroite que malveillante sur le large auvent turc qui, en complétant son caractère, avait l'avantage de la garantir des atteintes de la pluie et de la neige ou de la grêle. Actuellement la fontaine de Top-hana se termine, comme le balcon d'une terrasse de Paris, par une rampe en fer que porte une corniche de style bâtard. Quoi qu'il en soit, et en dépit des attaques d'un mauvais goût impardonnable, cette fontaine est une des plus charmantes choses à voir à Pera.

En face d'elle s'ouvre le porche d'une caserne fort élégante, et construite dans le goût qui a présidé à toutes choses du jour où le sultan Mahmoud a été atteint de sa manie réformiste. Cette caserne, qui est en bois, selon la coutume du pays, a une porte flanquée de grandes colonnes d'ordre ionique, et le factionnaire turc, le nizam transformé, se promène gravement avec son fusil de munition et ses babouches, à l'abri du soleil sous un portique d'architecture italienne.

A côté s'élève la mosquée de Kilitch-Ali-Pacha. Ce n'est pas une des plus somptueuses de Constantinople; elle n'a qu'un minaret; mais sa grande coupole, les dômes plus petits qui couvrent ses bas côtés, les différentes annexes qui se groupent autour, tout cet ensemble, avec sa jolie porte et sa cour des ablutions, forment un tout extrêmement pittoresque. Pour compléter le tableau, cette place est un marché permanent de toute espèce de fruits et de légumes qu'y apportent des campagnards de Roumélie et d'Anatolie, dans leurs costumes nationaux, c'est-à-dire n'ayant subi encore aucune transformation par *hatt-chérif* ou ordonnance du grand Seigneur. Ce marché est le centre de grands bazars en plein air, où l'on vend toutes sortes de marchandises, mais principalement des comestibles. Il s'y trouve des bouchers, des rôtisseurs, des confiseurs, des pâtissiers, des marchands de *kaünak* ou crème cuite, à côté des vendeurs de parfums et de chapelets, ou de cabans fourrés et de pipes.

C'est sur la place de Top-hana que débouche la rue principale qui conduit à Pera, au quartier habité par les Européens et par tous les ministres résidents sans exception. Cette rue, un peu tortueuse, est surtout excessivement inclinée et fatigante à gravir. Aussi trouve-t-on en bas des chaises à porteur ou des chevaux tout harnachés qui attendent les cavaliers, et dont les gardiens persécutent les passants en faisant ressortir la peine et la chaleur qu'ils éprouveront à escalader la colline de Pera.

FONTAINE DE GALATA.

(PL. 13)

J'ai déjà eu occasion de dire ce que sont Pera et Galata : des quartiers privilégiés pour les Européens qui sont admis à y résiler et à y posséder, car les habitants un peu aisés sont propriétaires de leurs maisons. Tous les ministres étrangers ont là des hôtels, dont quelques-uns sont de vrais palais, appartenant à leurs gouvernements respectifs.

Galata est le plus ancien de ces deux quartiers. Il fut concédé par les Empereurs paléologues aux Génois qui s'étaient toujours montrés leurs fidèles alliés, et dont toute l'ambition était de s'approprier le commerce de ces parages, à l'exclusion des Vénitiens leurs mortels ennemis. Les Génois y installèrent leurs comptoirs. De là ils entretenaient des relations commerciales très-actives avec tout le littoral de la mer Noire. Ils s'y fortifièrent, en renfermant leur ville dans une enceinte de murailles crénelées, flanquées de larges tours carrées. Ces murs existent encore et séparent aujourd'hui les deux quartiers de Galata et de Pera. Par suite de l'usage qui en a été conservé, on ne sait trop pourquoi, les portes de Galata se ferment à la nuit, et la communication entre cette partie de la ville franque et l'autre est interrompue jusqu'au jour. Pera, au contraire, qui n'était dans le principe qu'un faubourg de Galata, est ouvert de tous côtés. Aussi le nouveau quartier a-t-il pris un très-grand accroissement qu'il tend chaque jour à étendre davantage.

Pera est le quartier aristocratique; c'est celui des ambassadeurs, des riches Européens. C'est aussi là que sont tous les hôtels où descendent les innombrables touristes qui viennent visiter le Bosphore. Galata est resté le quartier commerçant. Fidèle à sa tradition génoise, il est la résidence des négociants; mais fidèle aussi à ses antécédents latins, c'est là que sont les couvents et les principales églises. C'est en général dans la partie élevée de cette ville marchande que se trouvent les habitations des Européens proprement dits. Le bas est abandonné aux Grecs et aux Turcs, comme à tout ce qui se rattache à la marine ou à la douane. Dans le bas quartier est le bazar des revendeurs, où l'on voit, parmi de vieilles nippes misérables, mais que porte encore le peuple, des restes de somptueux costumes passés de mode et qui ne se vendent plus. Au milieu de cette confusion impossible à décrire, de vêtements de toutes couleurs, de toutes formes, fourrés, brodés, passementés, on aperçoit de vieux vases d'un style pur, des tapis usés, mais remarquables encore par la grâce de leur dessin et l'harmonie de leurs couleurs, tels que les Turcs ne sauront bientôt plus les faire. Au fond d'une échoppe de brocanteur, on voit un magnifique fusil de janissaire pendu sur un manteau albanais à longues mèches de laine blanche; une robe de pacha est accrochée au pommeau d'un yatagan de bostandji; de superbes pistolets à crosses d'argent, à canons damassés de Chiraz, sont suspendus à l'arçon d'une vieille selle de Mameluk; et le sabre du khoraçan, pour lequel un Turc eût donné jadis plusieurs bourses, est là qui rouille son noir damas dans un vieux fourreau de chagrin; rebut de la boutique, les Turcs de la réforme n'en veulent plus, depuis que le *bancal* d'Europe a fait proscrire les belles lames courbes de l'Asie.

On ne saurait croire combien ces bazars de bric-à-brac turc, où les boutiques ouvertes n'ont aucun secret pour les passants, inspirent de réflexions philosophiques. Images des vicissitudes de ce monde, ils présentent le tableau fidèle des changements de fortune. L'habit brodé d'or du pacha à trois queues est là confondu dans la même poussière que la veste la plus simple du caïkdji; le poignard du vizir, ébréché et dégarni de ses pierreries, gît à côté de l'humble couteau du muletier; ou bien c'est la portière de drap, toute brodée de guirlandes de fleurs entrelacées d'or blanchi ou d'argent devenu noir, qui, criblée par les vers et rejetée du sérail, cherche encore à étaler sa pompeuse misère sur le grossier manteau du chamelier. Ces pauvres hardes, toutes ces vieilleries, confondues, ramenées à la même valeur, malgré les oripeaux des unes et la grossière nature des autres, forment le tableau saisissant de l'adversité et de l'oubli dans lequel peut tomber l'homme qui a rendu les plus grands services à son pays, après avoir été honoré et envié de tous ; — on pense à Bélisaire, qui eut un palais à Constantinople, aveugle et pauvre, demandant une obole au passant. Dans cet amas de vieux habits brodés, de pelisses fanées, dont la fourrure râpée ne saurait plus nourrir les vers qui l'ont abandonnée, on trouve encore l'image de ce grand et fastueux Empire turc, si fort, si puissant, si pompeux autrefois, aujourd'hui tombé dans la misère, et dont la faiblesse l'expose à des affronts qu'il est incapable de repousser.

Au bout de ce bazar de Galata est une petite place où sont quelques cafés dont la devanture modeste, mais commode et surtout pittoresque, offre un *kief* agréable aux consommateurs qui viennent y déguster le moka en fumant leur tchibouck. De vieilles mais vigoureuses vignes tortillent leurs rameaux vivaces et chargés de belles feuilles, à travers un treillage où ils s'entrelacent comme de longs serpents. Des pampres d'émeraude, que le soleil rend diaphanes, suspendent de tous côtés des grappes vermeilles. Sous l'ombre de ces tonnelles de petits siéges très-bas s'offrent aux fumeurs que la chaleur invite à s'y mettre à couvert.

En face de ces cafés murmure doucement l'eau d'une fontaine élégante et pure de style. Le marbre sculpté, les arabesques, les versets d'or, le bronze et toutes les richesses de l'architecture orientale y sont rassemblés. Aucune main n'y a, comme sur la fontaine de Top-hana, porté encore le marteau sacrilége, et son auvent original, tout peint et doré en dessous, s'avance en l'abritant, surmonté d'une coupole qu'accompagnent plusieurs clochetons portant le croissant.

⁂

RUE DE GALATA.

(PL. 15)

Toutes les rues de Galata qui ne sont pas parallèles à la mer, ou ne suivent pas le flanc de la colline, sont extrêmement montueuses. Pour en faciliter l'ascension, on a disposé le pavage de façon à former, de deux pas en deux pas, une large marche. La principale de ces rues, que bordent plusieurs boutiques européennes, conduit à une des portes, à celle qui s'ouvre au pied de la grande Tour. A son extrémité supérieure, elle présente, dans un angle, une très-jolie petite fontaine qui se distingue par la profusion, la délicatesse et le fini des innombrables sculptures en arabesques qui la couvrent. Encadrée dans des maisons pittoresques dont le premier étage avance sur la rue, et qui sont toutes tapissées de vignes, elle forme le dernier plan d'un gracieux tableau qu'animent les passants avec leurs costumes variés, ou les femmes qui viennent puiser de l'eau avec leurs cruches élégantes posées sur leurs voiles blancs.

La tour dite de Galata se dresse au-dessus de la *Tchechmèh*, confondant les teintes bleuâtres de sa flèche avec l'azur du ciel. Cette tour, dont la fondation remonte à 1446, fut construite par les Génois, qui la nommèrent *Tour du Christ*, mettant ainsi sous la protection du fils de Dieu leur cité dont elle était une des défenses. Cette dénomination a disparu ; mais, à cause de son origine, on lui donne quelquefois le nom de *Tour des Génois*. Elle est extrêmement haute. Vide à l'intérieur, elle n'est occupée qu'à sa partie la plus élevée, par un corps de garde de pompiers turcs. Du haut de cet observatoire, ils planent sur toute la ville, et leur vue s'étend fort au loin dans les environs. Ils sont chargés de veiller aux incendies, et de donner l'alarme aussitôt qu'il s'en manifeste un quelque part. On voit que si la tour de Galata n'a plus pour destination de protéger le quartier dont elle porte le nom, contre des incursions du dehors, elle n'en est pas moins restée la gardienne vigilante des habitants en les prévenant des dangers que la facilité de combustion de leurs maisons leur fait constamment courir.

⁂

MURAILLES ET CIMETIÈRE DE GALATA.

(PL. 16)

J'ai déjà dit combien sont beaux les sites où les Turcs placent les tombeaux, surtout à Constantinople où la nature se prête si bien au choix qu'ils font des lieux de leurs sépultures. Le cimetière qui longe le quartier franc de Pera et la muraille de Galata en est un exemple remarquable.

Dans une grande partie de son étendue ce séjour des morts est bordé de maisons que ne craignent pas d'habiter les vivants. Une perspective pleine de charme, la variété des points de vue, les antiques cyprès dont le soleil cherche à traverser l'épais et noir feuillage, quelques groupes de maisons de bois peintes en rouge que dore une lumière ardente, des marbres funéraires de toutes formes, tout cet ensemble compose une suite de tableaux pittoresques et variés devant lesquels disparaît complétement l'idée funèbre du trépas. Les habitations qui ont le privilége de jouir de ces belles scènes de la nature orientale, ne sont pas les moins recherchées des habitants de Pera et des voyageurs.

Les arbres toujours verts, au travers desquels circulent incessamment des promeneurs de toute sorte, offrent l'aspect d'un parc magnifique. Des allées serpentent capricieusement au milieu des tombes. Accidentés par les énormes racines au moyen desquelles les cyprès se cramponnent au sol, ou détournés pour ne pas heurter un sépulcre, ces sentiers sont tracés au hasard et se perdent tortueusement au milieu du feuillage et des tertres funéraires. — Sur le gazon d'émeraude qui encadre tous ces lits de marbre blanc, où sont couchés les morts, on rencontre çà et là un Turc appuyé contre le tronc lisse et grisâtre d'un cyprès. Il aspire gravement la fumée d'une longue pipe; il admire silencieusement cette belle nature, sans se douter qu'il est poëte, et sans se croire davantage philosophe, parce qu'il songe à la fragilité de cette vie fugitive comme le nuage léger que son souffle exhale et qui se dissipe, fumée vaporeuse, en montant vers le ciel. A quelques pas c'est un *arabáh*, lourde voiture peinte et dorée, traînée lentement par deux bœufs magnifiques, qui s'arrête pour en laisser descendre des femmes. Elles viennent chercher le souvenir d'une amie, d'un parent à qui le charme du lieu vaut une visite que n'attriste pas, comme en nos pays, l'aspect lugubre des sépultures.

Les tombes turques ont des formes diverses et symboliques qui indiquent la profession qu'exerçaient en ce monde ceux dont elles couvrent les restes mortels. Les pierres tumulaires des hommes sont surmontées d'un turban ou d'un fez; et cette coiffure de marbre, posée à l'extrémité de la dalle qui porte l'indication des noms et qualités du mort, varie de telle sorte que l'on reconnaît à sa forme le pacha, le prêtre, le derviche, le soldat, l'effendi ou le simple marchand. Celles des femmes, au contraire, ne portent rien qui les distingue entre elles, si ce n'est le plus ou moins d'ornements, d'arabesques et de fleurs dont les survivants se sont plu à les embellir. Elles se terminent généralement en pointe ou par une espèce de rocaille dans la nervure de laquelle les riches incrustent de l'azur et de l'or.

Les sépultures sont fort rapprochées afin de prendre le moins de terrain possible; car, en Orient, les restes humains sont assez respectés pour que chaque mort soit à tout jamais en possession du sol qui le couvre. Les tombeaux, par cette raison, se multiplient à l'infini, et c'est tout un monde immobile, mais vivant de souvenirs, qu'un de ces cimetières où se dressent en tous sens, comme des spectres couverts de linceuls blancs, les marbres funéraires des Turcs qui y reposent depuis Mahomet II.

Les différentes religions ne confondent pas leurs morts : chacune d'elles a son cimetière particulier; et non loin du champ des morts de Pera est celui des chrétiens. Par les ombrages et la disposition de ses monuments, il offre beaucoup d'analogie avec les cimetières turcs.

A l'est de l'enceinte mortuaire de Pera et Galata, au pied de la bordure de cyprès sous lesquels s'arrêtent les derniers marbres funèbres, debout là comme des sentinelles qui gardent ce séjour sacré, s'ouvre un chemin creux qui suit le pied des vieilles murailles génoises de Galata. Des tours rondes ou carrées, lézardées, privées de leurs créneaux, tapissées de lierres nerveux, relient des murs démantelés que rongent les mille racines de pariétaires séculaires; ils servent de bases à quelques maisons de bois aux fenêtres garnies de grillages serrés comme un canevas, protection que le mari turc croit assurer à son ombrageuse jalousie. A travers les embrasures échancrées de ces tours latines, par-dessus les pans de ces murailles chrétiennes, se laissent voir au loin les coupoles de Stamboul et les minarets des temples que les conquérants musulmans ont élevés en l'honneur de Mahomet.

PETIT CHAMP DES MORTS DE PERA.

(PL. 17)

Par le nom de *Petit champ des morts* on désigne le cimetière de Pera, que l'on distingue ainsi d'un autre beaucoup plus étendu qui est situé au nord de ce quartier, et dont les vieux cyprès couronnent les collines dont les eaux du Bosphore baignent la base en face de Scutari. Ce dernier, que l'on appelle le *Grand champ des morts*, offre l'aspect d'une vaste forêt, dont la sombre épaisseur est à peine éclairée par la rare lumière qui s'accroche çà et là sur les marbres des tombes. Ce lieu, d'ailleurs majestueux, a quelque chose de mystérieux et de sévère que ne présente pas le petit champ des morts de Pera.

Celui-ci, légèrement incliné vers le sud, comme pour mieux recevoir les rayons du soleil, descend par une pente douce jusqu'au rivage de la Corne d'Or. Sur les ondulations du terrain planté de beaux arbres se groupent les tombes dont les marbres variés et diversement ornementés indiquent ce que fut dans la société turque chacun des morts dont ils marquent la sépulture. Hors de leur aplomb, penchés à droite, à gauche, ou couchés à terre, ces marbres attestent, par l'effort qu'a produit leur poids, le temps qui s'est écoulé depuis qu'ils ont remplacé sur cette terre ceux dont ils tiennent la place. Les Turcs ne méconnaissent pas la douceur du sentiment posthume qui fait désirer au survivant de deux époux d'être couché dans sa demeure dernière à côté de celui qui l'a précédé, et l'on rencontre fréquemment de petits mausolées où, sur la même dalle, s'élèvent deux cippes, l'un coiffé du turban, l'autre de forme triangulaire indiquant l'union dans le trépas d'un mari et de sa femme. Des familles entières se partagent aussi les parcelles d'un sol réservé que sépare des autres sépultures un petit mur en pierre sèche, au niveau duquel s'élève le terrain où s'inclinent les marbres funéraires.

Les vivants fréquentent ce séjour des morts auquel la nature riante et coquette prête un attrait qui exclut toute pensée lugubre. — Ici, causent à demi-voix des hommes qui craignent de troubler la paix du lieu; — ailleurs, c'est une femme, solitaire, qui erre en glissant au milieu des tombes, et marche si lentement qu'à son voile blanc on la prendrait pour un marbre des sépulcres; — là, dans un sentier s'avance un cortége funèbre conduit par un imam. Le corps, enfermé dans un cercueil, est porté sur les épaules par les amis du défunt, que viennent de pas en pas soulager les passants en prenant leur place sous le fardeau; secours pieux que les vivants rendent aux morts pour les aider à atteindre leur dernière demeure. Le cortége marche vite, car les Turcs, qui font tout avec gravité et lenteur, sortent de leurs habitudes, on peut dire de leur nature, lorsqu'ils assistent à des funérailles. Il semble que quand l'âme est dégagée de son enveloppe matérielle ils soient pressés de restituer celle-ci à la terre. Arrivé au lieu de sa sépulture, le mort, enveloppé d'un suaire couvert de versets du Koran, est placé sur le côté, le visage tourné vers la Mecque, et ses amis écoutent dans un religieux silence la prière que l'imam adresse à Mahomet pour lui ouvrir les portes de son Paradis.

Derrière ce plan sévère, au fond du tableau, à travers les troncs noueux et dénudés des vieux cyprès, par-dessous leurs branches tourmentées et recourbées comme des bras de girandoles, s'aperçoit au loin la ville turque enveloppée d'un voile diaphane et noyée dans un nuage de poudre d'or que fait brillanter un soleil radieux. Les maisons de Stamboul, montées les unes sur les autres, et dominées par les minarets et les murs blancs des mosquées, se perdent dans une vapeur nacrée, dont les parties éclairées se reflètent dans le miroir tranquille des eaux de la Corne d'Or. L'onde bleuâtre, légèrement pailletée de blanc, de vermeil et d'azur, multiplie à plaisir les images de ce tableau magique qu'enveloppe de tous côtés une atmosphère pleine de chaleur et de lumière. Des caïks effilés comme des poissons, légers comme des alcyons, rasent l'eau, entraînant dans leur vol aquatique les rameurs dont les bras, dans leurs chemises de soie brillante, semblent des ailes de cygnes. — Ici, la fin d'une vie agitée, le repos, la tombe; là, la nature enchanteresse et le monde vivant qui passe en l'animant.

VUE DE STAMBOUL.

(PL. 18)

Ainsi que je l'ai dit précédemment, Constantinople se divise en deux parties bien distinctes : la ville turque et la ville européenne. On a déjà une idée de la seconde par la description de Pera et de Galata. Pénétrons maintenant dans la première, dans la cité turque, dans celle qui est habitée exclusivement par les musulmans.

Le nom de Stamboul, qui lui est particulier, est peu connu, et cependant c'est le seul par lequel les Turcs désignent leur magnifique capitale; mais ils ne l'appliquent qu'à la partie habitée par le sultan, où se trouve la Porte, où résident les grands, en un mot à celle où les Mahométans seuls ont le droit de cité. En effet, ce nom de *Stamboul* paraît être l'alliance corrompue des deux mots *Islam Boul* ou *ville de l'Islam*, le mot *boul* étant lui-même une corruption du mot grec *polis*. Stamboul est donc la ville turque par excellence, la capitale des musulmans, la métropole de l'Islamisme.

Cette partie de Constantinople est sans contredit la plus remarquable. Outre qu'elle est la plus importante par son étendue et sa population, elle est aussi celle qui contient le plus d'édifices et de monuments de tout genre. Le sérail des sultans, les principales comme les plus belles mosquées, les *turbèhs* ou tombeaux vénérés, les bazars, tout ce qui est propre à la grande ville, tout ce qui la caractérise, tout ce qui contribue à sa magnificence est à Stamboul. Cette reine de l'Orient se présente admirablement quand on la voit du milieu du port, avec toutes ses coupoles, ses innombrables minarets mariés aux noirs cyprès, se détachant sur de verts bouquets de platanes : magnifique amphithéâtre sur les gradins duquel surgissent les mosquées superbes de Soliman, d'Achmet, de Sainte-Sophie, de Bajazet, et tant d'autres qui viennent se grouper autour de celles qui portent ces noms célèbres, ou rapprochent leurs dômes étincelants en mariant leurs flèches aériennes, faisceau de minarets et de croissants qui symbolise l'union fanatique des vrais croyants. C'est un des plus étonnants spectacles que l'homme puisse se donner, peinture vivante dont son esprit frappé ne perdra jamais le souvenir.

Presque au centre de ce splendide tableau se remarque l'un des points les plus saillants de la grande ville : au bas, la douane, que domine la jolie mosquée de la Sultane Validé, appelée vulgairement *Yeni Djami* ou *la Mosquée nouvelle*. Autour du lieu saint se pressent les vieilles maisons de tout un quartier populeux. Animé par une foule active qui s'occupe de négoce, il est le commencement d'un vaste marché qui s'étend jusqu'au Bazar. Les boutiques et les maisons de bois, peintes de couleurs variées, contrastent par leur pittoresque négligé avec la splendeur architecturale et la blancheur immaculée de la mosquée. Les toits de tuiles roussâtres, surmontés de quelques cheminées qui jurent sous ce beau ciel oriental, mais que nécessitent pourtant les hivers rigoureux qu'envoient les steppes russes, sont çà et là surmontées de la coupole d'un bain ou d'une *turbèh*. Plus haut s'étend la vaste façade moderne du Divan : c'est là que sont les bureaux du gouvernement, c'est là que se réunissent les ministres et que se traitent ces graves affaires qui ont tant de fois intéressé la paix de l'Europe et du monde.

Vers le point culminant s'élève une coupole surbaissée que termine un croissant, et qui s'appuie sur d'autres coupoles plus petites; deux minarets se dressent à côté. C'est *Aïa-Sophia*, comme l'appellent les Turcs, *Sainte-Sophie*, la basilique byzantine, ce temple saint que Justinien voulut dédier à la Sagesse personnifiée en Jésus–Christ. Cette église était autrefois la plus grande et la plus belle de l'empire. Les portes étaient, dit-on, faites de planches provenant de l'arche de Noé, épaves vénérées que la foi grecque avait dû recueillir sur les pentes glacées de l'Ararat. Ce temple chrétien eut la bizarre destinée de voir le turban mahométan prosterné sur son pavé qu'il venait de souiller. Profané, ensanglanté jusqu'au pied du saint autel, il fut transformé en mosquée, hommage sacrilège rendu à ses murs sacrés. La bannière de la Vierge, que saint Luc avait peinte, fit place à l'étendard de Mahomet, et le glaive à deux tranchants remplaça la croix du Christ. Singulière contradiction de l'esprit humain, les Turcs qui auraient dû avoir horreur du sanctuaire chrétien, l'adoptèrent pour type de leurs mosquées et les bâtirent toutes invariablement sur le plan de Sainte-Sophie. Mais comme il fallait, pour la gloire de l'islamisme, que celles-ci fussent supérieures à l'église chrétienne en quelque chose, elles ont presque toutes été conçues d'une façon plus pompeuse et la surpassent en grandeur.

Au-dessus de cette scène à la fois grandiose, élégante et pittoresque, qu'animent au premier plan des barques venues de tous les rivages voisins, glissant sur une belle mer tranquille que sillonnent en tous sens des milliers de kaïks, se dresse majestueuse et avec un air de commandement la tour du Seraskier. On l'appelle ainsi parce qu'elle est voisine de la demeure du commandant supérieur militaire qui porte le titre de seraskier. C'est une sorte de minaret, le plus élevé de Constantinople. Colossal, isolé, il est muni à son extrémité d'un belvédère du haut duquel des vedettes attentives veillent sur l'ensemble de la ville, afin de prévenir si quelque incendie éclate au milieu de son fouillis de maisons de bois, vaste bûcher toujours prêt à s'enflammer sous la moindre étincelle. L'écho du cri d'alarme parti de cette vigie qui domine Stamboul est de l'autre côté du port, au sommet de la tour de Galata, dont j'ai indiqué déjà la destination analogue.

PONT DE BATEAUX.

(Pl. 19)

Entre la pointe occidentale de Stamboul et celle de Galata, le golfe de Constantinople se rétrécit. Cette extrémité de la Corne d'Or, dont l'évasement s'ouvre à l'orient, comme pour recevoir les trésors de l'Asie, est réservée à l'arsenal que les Turcs appellent *Tersana*. Ses eaux presque douces sont un mélange du flot marin et du courant des deux rivières Cydaris et Barbisès, qui ont leurs sources à quelques lieues de là; mais, profondes comme celles de la mer, elles portent avec orgueil des vaisseaux de haut bord qu'elles reçoivent des calles dont elles baignent le pied, ou qui, désarmés, viennent y chercher le repos en s'allégeant du poids de leur mâture et de leur artillerie.

Cet arsenal maritime est dû à Soliman II. Il est très-vaste, entouré de hautes murailles, et contient une quantité considérable de logements et d'ateliers dans lesquels un grand nombre d'ouvriers de tous états travaillent à la construction des navires. On y lance des bâtiments de toute grandeur, et cette darse est, avec celle de Sinope, dans la mer Noire, le chantier où la marine turque se renouvelle en se laissant gagner aussi par les innovations de la réforme. — Que dirait aujourd'hui de ces infractions aux vieilles routines mahométanes le fameux Hassan-Pacha, ce grand amiral qui, sorti d'un obscur café, jeta loin de lui le tablier et les pincettes de *kavèdji* que devait remplacer un jour la pelisse de vizir? Il croirait sans doute les flottes ottomanes perdues, et n'oserait pas compromettre son surnom de *Ghazi* ou *Victorieux*, sur des vaisseaux qui sont loin de ressembler aux grandes machines lourdes et mal armées que lui confiait son maître le sultan Abdoul-Hamid. Cependant, Hassan-Pacha, il faut lui rendre cette justice, s'était laissé aller aux idées légèrement réformatrices du baron de Tott, dont le nom survit aux Dardanelles, et il eut le mérite de les continuer. C'est à lui qu'on doit la belle caserne des *Galiondjis*, soldats de marine, qui est comprise dans l'enceinte de l'arsenal.

En remontant le courant, on rencontre le palais de *Aïnali-Kavâk*, élevé par Ahmet III. Ce nom, qui se traduit par *Palais des Miroirs*, fut donné à cette résidence impériale parce qu'elle fut ornée d'un grand nombre de glaces, présent du plus haut prix, alors que Venise l'offrit au sultan. Ce palais est le même où le général Sébastiani, envoyé par Napoléon Ier, osa le premier se présenter au sultan Selim III avec ses bottes éperonnées et le sabre au côté. Ce fut une irrévérence d'une audace excessive, et il fallait le grand intérêt que l'empereur des Turcs avait à devenir l'allié de celui des Français pour qu'il ne fît pas enfermer au château des Sept-Tours le *Guiaour* assez téméraire pour manquer à ce point de respect au chef de l'Islam. — C'est donc sur le Divan d'Aïnali-Kavâk qu'ont été discutés les plans de campagne contre la Russie, conseillés par un ambassadeur de France au sultan : événement qui se renouvelle aujourd'hui à cinquante ans de distance; et si l'on remonte ce laps de temps on retrouve presque identiquement le même point de départ, les mêmes faits au début, en vue d'un résultat semblable.

La perspective que l'on a de l'arsenal est magnifique; Stamboul presque tout entier se montre dominé par la grande mosquée de Soliman et la tour du Seraskier; au fond fuient et se perdent au milieu des maisons de bois les superbes et massives arcades de l'aqueduc de Valens. Au premier plan s'allonge, comme une barrière séparant la darse militaire du port marchand, le beau pont qui joint la ville chrétienne à la cité turque. C'est un ouvrage superbe posé sur l'eau, et dont les formes élégantes et l'heureux agencement dissimulent ce que présente habituellement de mesquin un pont de bateaux. Celui-ci est presque monumental, une succession de compartiments, formés par des parties saillantes et surmontés d'un parapet de bois dont les vides dessinent une suite de triangles, en rompent la monotonie, et lui donnent de la légèreté. Ce pont, traversant une partie du port, qui est fort large, a une très-grande étendue; mais, au lieu de la ligne droite peu gracieuse que devrait suivre le tablier, celui-ci se relève vers ses deux extrémités et décrit deux courbes allongées qui sont comme deux autres ponts plus petits jetés sur deux courants par lesquels les eaux douces qui affluent des deux rivières Cydaris et Barbisès, vont se mêler à celles du Bosphore. Sous ces arches, les kaïks passent et circulent librement. A leur point de jonction avec la portion horizontale du pont, une charnière permet la séparation des deux parties, afin de laisser entrer ou sortir les navires de toute grandeur qui viennent à l'arsenal ou vont à la mer.

De l'autre côté du pont se dressent les mâts innombrables des bâtiments marchands, le long desquels sèchent, en fouettant sur les cordages, les grandes voiles de toutes formes mêlées aux pavillons de toutes couleurs.

Sur le pont passe et repasse une foule incessante de piétons et de cavaliers. Au milieu d'eux s'élève la lourde carapace de quelque arabâh que tirent lentement deux bœufs à la démarche pesante.

Au premier plan, en deçà du port, une guérite flottante, posée sur une plate-forme en bois, semblable à une bouée, abrite une sentinelle qui veille et indique la destination toute militaire de cette partie du port.

Depuis le séjour de l'auteur à Constantinople, deux autres ponts ont été construits sur le modèle de l'ancien, et traversent le port en deux des endroits les plus fréquentés.

ENTRÉE DU PONT PAR GALATA.

(Pl. 20.)

A Venise, quand on doit traverser le grand canal et qu'on ne veut pas aller chercher le Ponte-Rialto, on se dirige vers un *traghetto* pour y prendre une gondole. De même à Constantinople, il fallait autrefois, pour se rendre de Stamboul à Galata ou à Pera, descendre à quelque *iskeléh* pour se jeter dans un kaïk afin de passer la Corne d'Or. Aujourd'hui, grâce aux ponts, on peut facilement aller de la ville turque à la ville chrétienne sans être obligé de s'embarquer. Les *kaïkdjis* y ont perdu, mais la population y a gagné. Et, surtout depuis que la civilisation a introduit à Constantinople l'usage des voitures, les ponts sont d'une grande utilité. Les femmes des harems de Stamboul qui veulent par besoin, ou par curiosité plus encore, visiter les magasins européens de Pera, celles qui désirent aller s'asseoir mélancoliquement rêveuses sous les grands cyprès du Petit Champ des morts, peuvent maintenant faire ce trajet complet en voiture. Aussi les ponts sont-ils constamment traversés et les *paras* abondent-ils aux péages. C'est principalement au commencement et à la fin de la journée que les passants s'y pressent. Le matin, les marchands, les ouvriers ou les employés de la Porte se rendent, les uns aux bazars, les autres à leurs ateliers ou dans leurs bureaux; le soir ils retournent, à Stamboul, ou à Galata, et ils se rencontrent avec les promeneurs qui viennent d'Eyoub et des mosquées, ou avec les femmes, chargées de quelques vulgaires emplettes faites chez les marchands francs, qui rentrent après avoir flâné dans les cimetières, heureuses de vivre sous ce beau ciel oriental.

Le quartier de Galata arrive jusqu'à l'une des extrémités de l'ancien pont, en face duquel s'ouvre une grande porte qui se referme le soir pour aider la garde de nuit à faire la police. Près de cette porte s'élève une petite mosquée *Azad-Mehemet-Pacha Djâmissi*, et, derrière sa coupole grise de plomb côtelé, grimpent en amphithéâtre les maisons chrétiennes au-dessus desquelles se dresse, dans un pêle-mêle de vieux murs crénelés et de noirs cyprès, la haute tour de Galata.

En avant, la mer, irritée de l'obstacle que lui présente le courant des eaux douces, s'agite et clapote le long du pont devant lequel s'arrêtent, sans bruit et avec respect, les kaïks, pour faire place à celui dont la coque blanche et dorée, entraînée par l'élan vigoureux de nombreux rameurs, emporte rapidement le sultan qui passe immobile sous son dais de pourpre.

SANDALES ET KAÏKS.

(PL. 21)

Au milieu de la foule des navires de toutes nations que renferme la Corne d'Or, l'œil s'arrête avec plaisir sur les grandes barques turques qui ont conservé toute leur couleur locale, en dépit de la réforme. Ces petits bâtiments n'ont rien perdu de leur coupe arriérée, de leur ornementation traditionnelle, ni de leur mâture ou même de la pesanteur de leur marche. Naviguant de la mer de Marmara à la mer Noire, ils abordent à Stamboul : les uns, chargés de fruits, de bois, de grains, ou de marbres, accostent les quais où de nombreux *hammâls* s'empressent de recevoir leur fret sur leurs larges épaules ; d'autres s'arrêtent devant la douane pour y débarquer les riches étoffes de Smyrne et de Brousse qu'ils ont reçues à Moudania, ou les produits variés de la Perse qu'ils sont allés chercher à Trébizonde.

Ces barques, d'une forme toute particulière, ont un bordage peu élevé sur les flancs, tandis que leur poupe et leur proue sont fortement relevées comme des fers de patins et se relient suivant une courbe gracieuse. — En examinant cette construction bizarre et si éloignée de celle du navire européen, on est tenté de croire que c'est la tradition conservée de celle des vaisseaux qu'Agamemnon conduisit au rivage de Troie, ou ne serait-ce pas le type conservé du navire *Argo* sur lequel Jason mena ses compagnons à la conquête de la Toison d'or ? — La coupe de ces *Sandales* est telle que, dans leur pénible navigation, la mer, pour peu qu'elle soit houleuse, y embarque facilement ; aussi les nautoniers qui conduisent ces dangereux esquifs essaient-ils d'échapper au péril au moyen d'une forte toile goudronnée qu'ils lèvent au-dessus du bordage et qu'ils attachent de leur mieux en atteignant aussi haut que possible la poupe et la proue. Quoi qu'il en soit, ces barques produisent un effet pittoresque, charmant, qui manquerait au tableau si elles ne se trouvaient au milieu du pêle-mêle de navires de toute sorte, de Kaïks, de maisons de bois que frôlent de tous côtés les vergues et les beauprés dont les voiles servent, pour ainsi dire, de rideaux aux fenêtres qu'elles abritent du soleil.

Non-seulement la forme de ces grands bateaux turcs est originale et gracieuse, mais les couleurs dont ils sont enjolivés plaisent aussi à l'œil, et dénotent le besoin qu'a le marin turc d'égayer sa barque par une foule de dessins, de découpures et de broderies de tout genre. Au-dessus de la flottaison, dont la partie inférieure est noire et goudronnée, se relèvent, à l'avant et à l'arrière, en courbes gracieuses, des bandes peintes en jaune, en rouge, ou simplement huilées, sur lesquelles sont sculptés en relief ou gravés en creux des fleurs, des festons, des losanges, des étoiles, des guirlandes qui s'enroulent sur les flancs en faisant le tour de la barque. Le bleu, le vermillon ou l'or enlèvent ces ornements sur le fond et les marient à des tons verts, oranges ou bruns, dans une harmonie que les couleurs les plus criardes ne parviennent pas à détruire sous ce beau ciel éclatant et plein de lumière. Un fer poli et luisant adapté à l'avant le protége contre les chocs qu'amortissent aussi des tampons de laine dont il est entouré. A la poupe, et comme pour la grandir encore, se relève, en suivant la courbure, un énorme gouvernail que meut une barre contournée sur laquelle le pilote pèse de toute sa force jointe à son poids pour la mettre en mouvement. Pour garantir ce gouvernail, mais plus encore pour l'orner et chatouiller la vue, les marins turcs lui passent, comme un bracelet, une espèce de lourd filet serré, très-épais, de laine bleue, jaune et rouge, dont chaque maille est ornée d'une verroterie de couleur, et qui est chargé de gros glands suspendus à profusion.

Ces barques se groupent pressées les unes contre les autres, le long des maisons, au risque de les défoncer, ou auprès d'une échelle placée à l'issue d'une rue aboutissant à quelque bazar. Pendant que les marins font le *kief*, ou réparent leur voilure, des hammâls, le dos voûté et garni d'un épais matelas plus gros du bas que du haut, déchargent et transportent les marchandises. Le long du bord glissent ou accostent les fins Kaïks qui entrent leurs pointes acérées dans les étroits intervalles que laissent entre eux les flancs des bordages rentrés vers la carène. Les goëlands qui pullulent en paix, se balancent sur la mer clapotante, donnent les uns un coup de patte, les autres un coup d'aile pour éviter les avirons, ou plongent en poussant de petits cris, et se disputent une tête de poisson, une pelure d'orange ou quelque autre ordure tombée du bord. — Sandales, kaïks, goëlands, se mirent dans l'eau et, dominés par les coupoles que surmontent les blancs minarets mêlés aux noirs cyprès, composent mille tableaux qui saisissent et charment le regard à chaque pas.

MOSQUÉE YENI-DJAMI.

(PL. 22)

Cette mosquée, que l'on désigne communément par le nom de *Yeni-djami*, ou la *Mosquée nouvelle*, est due à la dévote générosité de la mère de Mahomet IV; aussi l'appelle-t-on quelquefois *Mosquée de la sultane Validé*, ou sultane mère. Mais comme il y a plusieurs mosquées auxquelles une origine semblable peut faire attribuer ce même nom, en souvenir de leurs fondatrices, on a adopté pour celle qui nous occupe la dénomination particulière de *Yeni-Djami*.

Elle est voisine de la douane de Stamboul, et, placée non loin du rivage, on y arrive du port par une des échelles les plus fréquentées de Constantinople. Entre ses gracieux minarets, au-dessus des têtes verdoyantes des grands platanes qui l'abritent du soleil, s'élève sa belle coupole accompagnée d'une foule de dômes plus petits, qui s'étagent et montent les uns sur les autres pour atteindre jusqu'à la ceinture de fenêtres qui en forme la base. Des cordes fixées aux galeries des minarets, décrivent leurs courbes, que les lois de la pesanteur tracent dans l'espace avec une régularité mathématique. Dans l'air où elles se balancent au plus petit souffle, elles semblent, sur l'azur profond du ciel, les fils immenses d'une araignée gigantesque qui aurait tramé hardiment sa toile d'un minaret à l'autre. C'est à ces cordes légères que, pendant le ramadan, sont suspendus des verres illuminés qui tracent en silhouette de feu, sur le voile sombre de la nuit, des objets de toute sorte, canons, bateaux, étoiles, croissants, versets du Coran, selon l'invention et le caprice des muezzins chargés de cette décoration bizarre. Ces figures, étincelantes sur le ciel noir, astres singuliers d'une nuit musulmane, qui planent çà et là au-dessus de Stamboul, et qu'accompagnent comme leurs satellites les guirlandes de lampions qui brillent en cercles autour des minarets, composent un aspect étrange et féerique qui est un des plus curieux spectacles que présente la grande ville turque. Joignez à cela le tumulte, la gaieté qui agitent la population, les sons criards de mille instruments qui s'élèvent au-dessus des habitations et font vibrer l'air de toute part, la vie extérieure, joyeuse, qui partout témoigne du contentement que la rupture du jeûne fait éprouver aux croyants, rien n'est aussi curieux que cette réjouissance des Turcs, véritable fête qu'ils chôment en buvant, mangeant, s'abandonnant à tous les appétits du corps auxquels la dévotion a mis un frein irrésistible depuis le lever du soleil, — pratique religieuse devant laquelle nul ne recule, et qu'accomplit scrupuleusement tout musulman, quelque rigoureuse qu'elle soit. — Sans doute, le jeûne, l'abstinence de toute chose, pendant un jour d'hiver, peuvent ne pas sembler bien durs; mais, quand la lune de Ramadan, suivant sa marche régulière, revient périodiquement à l'époque des plus longs jours de l'année, croit-on que ce ne soit pas un supplice que de se refuser jusqu'à une goutte d'eau ou une bouffée de tabac, durant seize ou même dix-huit heures! Les Turcs s'imposent ces privations sans murmures, sans faiblesse, trahissant la faim en égrenant leur chapelet, trompant la soif en récitant quelques versets de leur livre saint; et le nom d'Allah ou de Mahomet, invoqué de temps à autre, retrempe leur courage défaillant, et le soutient jusqu'à l'instant où le dernier segment de l'astre qui les gêne aura disparu derrière l'horizon. A la physionomie fatiguée, quelque peu abattue et morne de la population turque qui commence à s'affaisser sous le poids d'une abstinence que le corps reproche en vain depuis bien des heures à l'âme qui ne se préoccupe que du ciel, succède un air de contentement ravi, une jubilation qui se traduit aussitôt en gloutonneries de toute espèce, et la bombance la plus large, les excès de toute nature viennent amplement compenser les privations d'un jour trop long.

Mais revenons à Yeni-Djami. Si cette mosquée n'est pas une des plus grandes de Constantinople, du moins est-ce une des plus jolies et dont la situation rend l'effet plus agréable. Accotée aux vieilles murailles de Byzance dont les créneaux noirs se dessinent sur ses murs blancs, et placée au bord de la mer, ses minarets s'y renversent et s'y plongent tout entiers. Leurs longues images, brisées par la vague et chatoyantes, semblent, par leur blancheur, être les reflets éclatants du soleil lui-même. Ses galeries latérales à deux étages, formées d'arcades que portent des colonnes de marbre teinté, s'abritent sous le large feuillage qu'étendent complaisamment jusqu'à elles les longues branches de platanes séculaires. Sous ces vieux arbres, à l'ombre desquels se promènent et discutent les mollâhs au milieu de leurs disciples, s'étalent quelques échoppes de marchands qui sont là comme les avant-postes du bazar voisin, qu'on appelle aussi *Yeni-bazar*, et que l'on doit également à la générosité de la princesse. — Il semble qu'elle ait voulu, dans une pensée philosophique, unir l'idée de la vie céleste et éternelle aux nécessités vulgaires de la vie terrestre et passagère.

Dans la cour intérieure de la mosquée est une superbe fontaine octogone formée de huit arcades qui portent une charmante frise denticulée et brodée d'arabesques; elle est couverte par une coupole de plomb, au centre de laquelle se dresse le croissant impérial. Cette coupole, comme une tiare de géant, est bordée d'une couronne formée d'un nombre infini de fleurons qui rappellent par leur forme le lotus antique, fleur symbolique, que les anciens mettaient dans la main des rois ou au fronton des temples. L'islamisme a emprunté le lotus au paganisme, et la sultane en a fait un ornement de sa fontaine royale. Dans chacune des arcades de ce petit monument, une grille dorée, d'un travail délicat, protége la fontaine contre les souillures qui pourraient être faites à la limpidité de son eau. Autour se succèdent en traçant un quadrilatère à faces égales, les arcades en ogives d'un vaste portique sous lequel circulent les pieux visiteurs qui, venant de rendre hommage à la sultane Validé sur son tombeau, vont au sanctuaire de sa mosquée adorer Dieu et prier Mahomet.

MOSQUÉE CHAH-ZADÈH.

(Pl. 23)

Nous avons dit que le temple fondé par l'empereur Justinien et dédié à la Sagesse sous le nom de Sainte-Sophie, avait servi de type à toutes les mosquées de Constantinople. Il est, d'après cela, superflu de les décrire les unes après les autres, ce qui ne pourrait d'ailleurs se faire qu'en tombant inévitablement dans des redites oiseuses. Sans rentrer dans les détails d'une description presque identique avec les précédentes, nous ne ferons donc que mentionner ce qui pourra être particulier à chacune des mosquées dont nous nous occuperons.

Celle qui porte le nom de *Chah-Zadèh-Djamissi* a été donnée ici à cause du point de vue charmant qu'elle présente dans une des rues qu'elle borde, et de l'effet pittoresque produit par le pêle-mêle de dômes, de minarets, de cyprès, de grilles de fer ou d'or qui en forme l'ensemble.

FONTAINE DU SÉRAIL.

(Pl. 24)

A l'entrée du Sérail, devant la grande porte surmontée du soleil et du croissant, qu'on appelle *Bab-Houmaïoûn* ou *la Sublime Porte*, s'ouvre une petite place. A droite s'élèvent les minarets et les contre-forts rayés de Sainte-Sophie; par-dessus les toits de quelques maisons et les créneaux de l'enceinte impériale, la vue s'étend sur la nappe bleue de la mer de Marmara; dans le fond se dressent et éclatent de toute la blancheur de leurs longues cannelures que fait briller le soleil en s'y accrochant du haut en bas, les minarets de la mosquée du Sultan Ahmet. Au centre de cette petite place qu'encadrent de plus près quelques cafés bariolés de teintes vertes et grillés comme un harem, s'élève l'un des plus remarquables monuments de Stamboul, c'est une fontaine appelée, à cause de son voisinage, *Seraï-Tchechmèh, Fontaine du Sérail*.

Ce charmant édifice est d'une élégance et d'un luxe d'ornementation qui contrastent d'une manière frappante avec la nudité presque sévère des murailles du palais, ou avec la simplicité lourde et massive des appendices dont il a fallu entourer Sainte-Sophie pour l'empêcher de s'écrouler. Cette délicieuse fontaine est assise sur un plan carré; mais comme les Turcs ont le sens assez délicat et le goût assez fin pour avoir en horreur tout ce qui est rectiligne et tracé à l'équerre, l'architecte qui a conçu ce petit chef-d'œuvre a coupé les quatre angles de son plan et les a remplacés par quatre parties circulaires qui font saillie sur les faces, et donnent à la *Tchechmèh* autant d'élégance que de grâce pittoresque. Aux angles s'élèvent donc des espèces de rotondes posées sur deux marches et ornées de quatre colonnes de marbre blanc, entre lesquelles sont trois grilles de bronze dont la dentelle aussi fine que compliquée ressemble à la plus jolie guipure. A la base, ces grilles laissent des ouvertures qui permettent de puiser de l'eau à l'intérieur au moyen de tasses en cuivre déposées sur le bord et retenues avec des chaînes. Cette précaution n'est point prise en vue d'empêcher le vol de ces gobelets, — en Turquie ce serait superflu, — elle n'a d'autre but que d'empêcher leur chute dans la fontaine. Des Européens peuvent s'étonner de voir conserver de l'eau dans ces magnifiques cages d'or; mais il faut songer qu'il y a là une pensée pieuse, charitable, celle d'offrir au passant altéré, au fakir, au malheureux, de l'eau toujours pure, et qu'aucun contact extérieur n'a pu souiller.

Entre ces rotondes sont comprises quatre faces au milieu de chacune desquelles est une autre fontaine dont le bec de cuivre, à portée de tous, verse l'eau à discrétion. Ces becs sont placés dans des arcades ogivales de marbre que font ressortir des assises colorées. C'est là que, sur une tablette incessamment lavée, viennent se grouper les vases, les cruches de forme antique dont le type se conserve scrupuleusement en Orient. Les *Saccâhs* y viennent emplir leurs outres pour aller à domicile satisfaire aux besoins domestiques. De chaque côté de ces arcades est une niche dont la partie supérieure est terminée par une demi-voûte composée d'une infinité de petits pendantifs ou denticules à facettes carrées, triangulaires, qui simulent des stalactites. Une frise de la plus grande richesse et du travail le plus minutieusement recherché, où alternent le marbre blanc, noir ou de couleur, avec des ornements d'or ou sculptés, fait le tour de l'édifice, sur lequel ressortent çà et là des inscriptions pieuses tirées du Koran ou des poëtes. La parure élégante et délicatement pompeuse de la fontaine est abritée par un large auvent légèrement relevé qui se projette fort en avant, et dont le dessous est peint de couleurs qui le mettent en harmonie avec l'édifice. Sous cet auvent protecteur, à l'ombre duquel viennent se réfugier les oisifs, s'élève doucement la pente d'un toit de plomb à bandes égales. Le sommet de la pyramide quadrangulaire que formeraient les quatre côtés par leur intersection, est remplacée par un élégant clocheton surmonté d'une petite coupole que termine une longue aiguille qui traverse des espèces de boules dorées et se bifurque à l'extrémité en forme de croissant dont les deux cornes sont reliées. Plus bas, sur les angles que forment en se rencontrant les faces du toit, et immédiatement au-dessus de chacune des rotondes, s'élèvent quatre autres clochetons plus petits semblables à celui du sommet.

HIPPODROME ET MOSQUÉE DU SULTAN AHMET.

(PL. 25)

L'hippodrome, dont les Turcs ont conservé la signification, et qu'ils appellent *at-meïdân*, ou *arène des chevaux*, est la plus grande place de Constantinople. Quoique réduite aujourd'hui, elle est certainement encore une des plus vastes que possède aucune capitale; mais elle l'était bien davantage au temps des empereurs romains et sous la domination de ceux de Byzance. Ce n'est qu'au XVIIe siècle qu'elle fut entamée par le sultan Ahmet III qui, sur un de ses côtés, a élevé la magnifique mosquée qui porte son nom *Ahmet-Djiamissi*.

L'hippodrome date de Septime Sévère. Ce fut sous le règne de cet empereur, qui voulut sans doute faire oublier ses cruautés aux Byzantins dont il avait ravagé la ville, qu'il leur fut permis d'inaugurer cette vaste arène, et de s'y livrer à leurs jeux favoris. Constantin l'entoura d'édifices remarquables, Théodose y ajouta, et Justinien, voulant que ce cirque gigantesque rappelât celui de Rome, le fit enceindre d'un double rang d'arcades soutenues par des colonnes. L'hippodrome ne tarda pas à devenir un champ clos où *verts* et *bleus* partagés en deux camps firent, du haut de leurs chars, succéder les passions et les haines politiques à celles d'abord innocentes qu'agitaient seules des rivalités de cochers. Il ne fallut rien moins que Bélisaire et le prestige de sa gloire militaire pour défendre Justinien contre les séditions soulevées dans l'arène hippique et qui coûtèrent la vie à trente mille personnes. Mais il était dans la destinée de cette place célèbre de servir de théâtre à toutes les révoltes qui pendant près de quinze siècles ont ensanglanté Constantinople.

Afin de donner à l'hippodrome toute la splendeur digne de la nouvelle capitale de l'empire romain, les empereurs qui y contribuèrent successivement y avaient rassemblé les monuments les plus remarquables dont furent dépouillés sans scrupule les temples de l'antiquité. Obélisques, colonnes, statues de dieux et de héros s'y dressaient de toute part : les siècles sur les uns, l'or et le bronze sur les autres, enchantaient le regard étonné de cet ensemble de prodiges transportés de si loin et rassemblés au même lieu pour la gloire de Constantinople. On y voyait une statue gigantesque de Junon, dont quatre bœufs avaient de la peine à traîner la tête seule, la statue d'Hercule, ouvrage admirable de Lysippe, et tant d'autres dont le nombre fit longtemps l'orgueil de cette capitale. Parmi tant de chefs-d'œuvre le plus remarquable était ce célèbre quadrige, arraché à Corinthe, placé là comme le type des attelages qui devaient au milieu des luttes poudreuses du cirque, se disputer les palmes hippiques. Que de chemin ont fait ces superbes coursiers de bronze ! — Enlevés à la Grèce pour orner Constantinople, puis entraînés par les Vénitiens, comme les chevaux de Neptune, ils traversèrent les mers pour aller à Venise augmenter les trophées que le doge Dandolo rapportait à Saint-Marc ; attelés plus tard au char triomphal du général Bonaparte, ils vinrent à Paris, attester sur l'arc-de-triomphe du Carrousel les victoires de l'armée française ; enfin, soumis aux vicissitudes qui les firent si souvent changer de place et retournant vers l'Orient, ils se crurent un instant dirigés vers le lieu de leur naissance, mais ils s'arrêtèrent encore devant Saint-Marc dont leur sabot d'airain frappa de nouveau les dalles de mosaïques. — Où seront-ils un jour, et reverront-ils jamais leur point de départ ! — La Grèce est morte, et Corinthe est ensevelie dans son linceul de ruines et d'oubli.

De tous ces monuments des empereurs, de ces dieux et déesses, objets d'un culte renié, mais chefs-d'œuvre de l'art toujours admirés de l'antiquité, de ce nombre immense de statues qui les fit comparer par un écrivain contemporain à un peuple de pierre assis dans ce vaste forum, que reste-t-il ! Tout a été renversé, mutilé, et les marbres antiques pulvérisés forment la poussière que le vent soulève aujourd'hui sur l'at-meïdân. C'est à peine si le cavalier qui s'exerce au *djerid*, et lance son cheval à travers l'espace, trouve à faire rebondir son javelot sur un morceau de marbre. Quant aux statues d'airain, elles ont disparu plus rapidement encore, car elles ont été fondues avec les autres métaux arrachés çà et là, auxquels leur valeur, si faible qu'elle fût, donnait du prix. — Et qui a consommé cette ruine ! Qui a commis ces dévastations barbares ! — Sont-elles venues du fond de l'Asie ! Sont-elles l'ouvrage de quelques tribus tartares conduites par un ancêtre de Tchenghiz-Khan ! — Il faut bien l'avouer, elles sont l'œuvre des Latins, le résultat de la quatrième croisade et de la conquête de Byzance par les barons français. Baudouin leur chef écrivait alors - *que les dépouilles enlevées à la malheureuse ville formaient à elles seules plus de richesses que n'en contenaient ensemble tous les autres pays de la chrétienté.* » — L'Occident parviendra-t-il jamais, par ses bons offices envers la capitale de l'Orient, à lui restituer une partie de la gloire et des richesses dont il l'a dépouillée alors ! —

Malgré l'appauvrissement de Constantinople et la disparition de ses monuments anciens, c'est encore, comme nous avons eu l'occasion de le dire, la plus belle ville du monde. Si elle doit cette supériorité en partie à la nature, elle la doit aussi aux édifices religieux que la foi musulmane et la piété fastueuse des sultans a élevés de tous côtés. Ainsi le plus bel ornement de l'hippodrome est actuellement la superbe mosquée d'Ahmet III, construite en 1610. Sainte-Sophie lui servit de type, mais la basilique de Justinien fut de beaucoup dépassée en grandeur. La riche ornementation du sanctuaire musulman ne le cède en rien à l'église chrétienne, et les colonnes antiques restées éparses dans Stamboul servent de supports aux coupoles du nouvel édifice. Le sultan voulut que sa mosquée ne fût inférieure à aucun des temples de l'Islam, et, sans respect pour celui de la Mecque même qui n'avait que six minarets, il en fit élever un pareil nombre autour de l'édifice qui devait porter son nom. Mais il y avait là une irrévérence trop grande envers la *Beith-Allah, la maison de Dieu*, et l'iman de la Mecque réclama en accusant Ahmet d'ambition irréligieuse, presque de sacrilège. Les priviléges de la *Sainte-Kaaba* prévalurent. Le sultan fut obligé d'apaiser la colère de l'iman, et d'imposer silence aux plaintes des fanatiques en dotant le temple arabe d'un septième minaret. Ainsi furent conciliés l'orgueil du souverain et la piété des vrais croyants.

La mosquée est séparée de l'*at-meïdân* par un mur percé de nombreuses fenêtres grillées au travers desquelles se voit la grande cour extérieure plantée de cyprès et de platanes qui agitent leurs immenses têtes au niveau des dômes. A l'un des angles du vaste promenoir où les pieux visiteurs peuvent attendre à l'ombre l'heure de la prière, s'élèvent deux mausolées d'inégales grandeurs. Le plus considérable est celui d'Ahmet III. Là, sous un catafalque couvert de drap d'or et de cachemire surmonté de l'aigrette impériale, sa cendre repose au milieu de celles de plusieurs membres de sa famille, dont les cercueils plus petits se groupent autour de celui du sultan. Le plus petit *turbé* ou tombeau, qui se trouve contigu à celui du fondateur de la mosquée, renferme les restes de son frère Othman, victime d'une sédition des janissaires et assassiné par eux à l'âge de douze ans.

Ce fut sur cette même place, en face de ce monument funèbre, et comme une expiation de toutes leurs révoltes, que ces mêmes janissaires virent la fin de leur existence toujours turbulente et séditieuse souvent. Le sol de l'*at-meïdân* pourrait laisser voir encore, sous ses premières couches de poussière, la couleur du sang qu'y répandit cette milice indisciplinée, lorsque vaincue par Mahmoud II, le 16 juin 1826, elle fut décimée à sa voix par les troupes de la réforme contre laquelle elle s'était insurgée. C'est en ce lieu célèbre témoin de tant de combats divers, de tant de séditions, et de tant de massacres, qu'expira dans le dernier râlement du fanatisme impuissant ce corps illustre qui fut pendant des siècles le rempart de l'islamisme, et l'orgueil de l'armée ottomane. Devenus exécrables aux sultans qu'ils affrontaient, au peuple qu'ils opprimaient, les janissaires, au nombre de cent vingt mille, furent mitraillés sans merci et exterminés en un seul jour.

L'OBÉLISQUE DE L'HIPPODROME.

(Pl. 26)

Aujourd'hui de tous les monuments rassemblés à grands frais par les empereurs de Constantinople, si variés de forme, d'âge et de goût, il n'y a debout au milieu de l'*at-meïdân* turc que l'obélisque égyptien, un reste d'obélisque factice dont le corps est en maçonnerie, et un vestige de colonne torse de bronze. De ces trois épaves échappées aux naufrages dans lesquels se sont abîmées les civilisations romaine et byzantine, l'aiguille égyptienne est la seule qui ait bravé les ravages du temps grâce à la dureté de son granit, et si elle a échappé à ceux de la guerre, c'est que sa matière n'a pu tenter les soldats d'aucune nation. Ce monolithe déraciné, croit-on, dans la plaine d'Héliopolis, a environ vingt mètres de hauteur, à partir du piédestal sur lequel il est posé et dont il est isolé par quatre dés placés sous ses angles. Ses quatre faces portent une ligne verticale d'hiéroglyphes, qui s'étend du haut en bas. Ce monument fut érigé par Théodose II qui en perpétua le souvenir par des bas-reliefs exécutés sur sa base de marbre. Les sculptures en ont été brisées par les Turcs; mais autant qu'on en peut juger par quelques traces qu'on y découvre, peut-être vaut-il mieux pour l'honneur de l'art du Bas-Empire que le marteau les ait fait échapper au jugement de la postérité.

L'aiguille granitique occupe le centre de la place, et, dans la prolongation de son axe, se trouve son indigne copie. Grossière imitation faite de petites pierres qui seules se voient actuellement, et dont la masse fatiguée par le temps a perdu son aplomb, cette espèce d'obélisque ne donnerait qu'une bien pauvre idée du savoir-faire et du goût des Byzantins au temps de Constantin Porphyrogénète qui l'éleva cinq cents ans après l'érection de celui des Pharaons, si les historiens du temps ne nous apprenaient que ce squelette de pierre, dépouillé actuellement de son enveloppe, n'était qu'un noyau servant à soutenir un magnifique manteau de bronze doré; le métal était en outre relevé par des bas-reliefs qui descendaient sur les quatre côtés de la pyramide. C'est sans doute dans leur exécution et dans l'élévation de ce monument qu'il faut chercher les motifs de la vanité des Constantinopolitains qui, l'ajoutant au sept merveilles du monde, pour en faire la huitième, le comparaient au colosse de Rhodes. La robe d'or qui le couvrait a disparu, et, triste vestige de tant de gloire et d'orgueil, la pyramidale agglomération de moellons noircis par les siècles que l'on voit aujourd'hui, semblerait de loin une de ces horribles cheminées enfumées que l'industrie élève de nos jours au-dessus des plus beaux édifices, si l'on ne savait que, par une faveur providentielle, Stamboul est demeurée jusqu'à présent à l'abri de ces prosaïques et repoussantes agressions de la civilisation européenne.

Près de cette ruine on aperçoit, non complétement enterrée, mais ne dépassant pas beaucoup la taille d'un homme, une petite colonne faite de trois serpents de bronze qui se tordent l'un dans l'autre. Au-dessus de cette triple spirale serpentine les têtes des reptiles soutenaient jadis le trépied d'or dont les Grecs, après avoir à Platée vaincu et tué Mardonius général de Xercès, firent hommage à Apollon dans le temple de Delphes. Ce trépied portait pour légende que : « Pausanias avait défait les Barbares à Platée, et qu'en reconnaissance de cette victoire, il faisait ce présent à Apollon. » Cette inscription vaniteuse attribuait à un seul homme les exploits des trois armées réunies des Athéniens, des Lacédémoniens et des Platéens; elle dut les blesser profondément, et ils l'effacèrent pour la remplacer par les noms des villes qui avaient concouru au triomphe des armes grecques. Actuellement et depuis longtemps les noms de tous les vainqueurs sont confondus dans la même poussière, et la dévastation aurait emporté du même coup le trépied et le souvenir qu'il consacrait, si celui-ci ne survivait à jamais dans l'histoire. Épargné par la torche d'Érostrate, il ne put échapper à la brutale avidité des vainqueurs de Byzance. Aujourd'hui son support même mutilé, couvert d'une rouille verdâtre qui l'a inégalement rongé, peut être pris à quelques pas pour l'un de ces vieux canons hors de service qui sont plantés le long du rivage, pour y servir d'attaches aux câbles des barques.

A l'extrémité opposée de l'at-meïdân, par-dessus des toits de maisons en bois dont les étages avancés surplombent et obscurcissent des ruelles encombrées de passants et de marchands de toute sorte, se dresse, fière de son âge et de son nom qui a survécu au fanatisme musulman, la basilique romaine *Sainte-Sophie, Aïa-Sophia*. Mais ses minarets, pauvres d'architecture et peu élevés, additions forcées par la transformation du temple, ne sont que des pygmées à côté de la svelte et gigantesque hauteur des *alti-minareli*, *six minarets* de la mosquée d'Ahmet.

Sur l'autre face de l'at-meïdân, à la place des arcades et des colonnes dont Justinien s'était plu à l'orner, s'élève en pente douce le perron qui précède le palais d'un pacha : construction de bois que dévorera quelque jour un de ces incendies terribles que suffit à allumer la pipe d'un Turc insouciant et confiant dans son fatalisme. — Il faut convenir que si l'adoption du bois est permise quelque part, à l'exclusion de la pierre, dans l'art de bâtir, c'est bien à Constantinople. En effet, comment se fier à la dureté des matériaux, dans cette ville dont le sol est formé de tant de ruines amoncelées, quand on voit que les plus magnifiques monuments, les édifices les plus solides, la pierre, le marbre, le bronze, le fer, tout a disparu emporté par les ouragans, renversé par les tremblements de terre, déraciné par les tourmentes populaires, ruiné par les incendies, saccagé par les pillages, effondré par le choc des armées, anéanti enfin par le fanatisme religieux! A quoi servent le granit et l'airain quand le destin, d'un seul coup, bouleverse et éparpille ce que les hommes ont élevé à grands frais et avec les plus pénibles labeurs! C'est là sans doute la pensée philosophique qui domine chez les Turcs, et les empêche de chercher à résister au sort qui a limité la durée de leurs habitations. Cependant il faut convenir qu'ils poussent cette abnégation de la résistance un peu trop loin, et les quartiers mahométans de Stamboul ne sont, à vrai dire, que de vastes bûchers toujours prêts qui n'attendent que la plus petite allumette pour s'enflammer et couvrir leur ville de cendres.

— ⚜ —

LES MURAILLES DE MER ET LE PHARE.

(Pl. 27)

En sortant de la Corne d'Or pour entrer dans la mer de Marmara, on longe les murs du Seraï. Derrière leurs créneaux aucune sentinelle ne se montre. Le silence et la solitude sont partout. Aucun bruit de fête ou d'appareil militaire ne trahit la demeure redoutée du Padichâh. Le caïkjï qui vous mène, respectueusement penché sur sa rame, ose à peine parler et se presse, dans le courant qui l'entraîne, de fuir ces murailles muettes qui auraient tant d'épisodes lugubres à raconter, elles qui ont entendu tant de gémissements et de plaintes étouffés par la mer. Mais le flot qui descend du Bosphore est rapide au pied de ces vieux murs, et vous a bientôt porté au delà de la dernière tour du Seraï.

L'enceinte se continue, seulement ce n'est plus celle du palais des sultans, c'est le rempart de la ville; et à voir les maisons de bois groupées au-dessus, à la saillie des balcons qui se projettent sur la mer par-dessus les créneaux, à entendre le chant joyeux du batelier qui respire plus à l'aise, on comprend qu'on se trouve dans le voisinage d'un quartier populeux que ces murs défendent contre les vagues de Marmara. Après quelques coups d'aviron on arrive au pied du phare que les Turcs appellent *Fanar*. C'est une haute tour carrée avançant dans la mer et attenante aux murs, qui porte un fanal dont la lumière montre au marin l'embouchure du Bosphore. En cet endroit la vieille muraille, d'essence toute romaine, porte dans ses flancs mutilés les traces nombreuses des édifices auxquels elle a servi de base. Ce sont plates-bandes énormes de pierre dure, linteaux de portes, colonnes à chapiteaux grecs ou byzantins, arcades cintrées ou surbaissées, fenêtres faites pour des géants, mais aujourd'hui murées, consoles de balcons que la mer a engloutis, et, par-dessus ce pêle-mêle de fragments de plusieurs âges et de toutes formes, des redans, des créneaux en maçonnerie turque dont le mortier encore tout blanc fait ressortir les tons roux des vieux murs qu'ils couronnent. Là les siècles se sont superposés, et en suivant graduellement du bas en haut la muraille, on reconnaîtrait leur succession, comme on compte les années d'un arbre au nombre de couronnes que ses branches ont formées successivement autour du tronc.

Au-dessus de cette enceinte se dressent immobiles quelques cyprès dont les hautes pyramides se mêlent aux couleurs vives qui enluminent les maisons turques abritées par de larges auvents. Sur cet échafaudage de l'antiquité, du Bas-Empire, du christianisme romain et byzantin, s'élève une mosquée blanche et rayonnante de lumière, qui monte dans le ciel bleu par ses coupoles cannelées, par son dôme arrondi, et plus haut encore par ses minarets allongés en pointes. Au bas du tableau, à l'horizon, se perd le flot bleuâtre de Marmara qui cherche une issue dans les Dardanelles.

MURAILLES ET CAFÉ DE LA PORTE DU FANAR.

(PL. 28)

La portion des murailles de mer que représente la planche 27, se continue avec le même aspect à quelques longueurs de Caïk plus loin. On y retrouve les mêmes indices de constructions qui se sont pillées les unes les autres. Au-dessus de plusieurs lits de maçonnerie faite de grosses pierres et de briques entremêlées de fûts de colonnes couchées, on remarque une ancienne porte dont l'arc à plein cintre a conservé le profil de ses moulures; un large arceau formé de grandes briques le surmonte. Il repose sur de belles assises de marbre qui en assurent la solidité pour quelques siècles encore.

Presque au-dessus de cette arcade murée aujourd'hui, et qui ne donne passage à la lumière que par une petite lucarne, soupirail jaloux de quelque harem, se montre un reste plus complet de l'époque romaine. C'est la façade d'un petit édifice dont il est difficile de s'expliquer la nature et l'objet. Entre des pilastres dont les bases avancées posent sur des consoles allongées se développent trois arcades dont deux sont formées par des arcs à plein cintre, et celle du milieu se termine par un fronton angulaire; elles sont fermées, et sur leurs faces sont figurées des portes à deux vantaux ornés de panneaux à moulures. De chaque côté de cette façade sans lien, sans but et inexplicable, la muraille laisse sortir deux corps de lions mutilés. Peut-être ces lions justifient-ils le nom de *Marcellus-Leo* que quelques écrivains ont donné à ce monument; mais d'autres l'ont désigné sous celui de *Palais de Bélisaire,* sans, à la vérité, en avoir donné, que nous sachions, des motifs plausibles. Pour nous, en lisant les descriptions que les anciens auteurs font de Byzance, nous sommes tentés de croire que la vieille arcade murée correspond à celle qui s'appelait *Porta Leonis*, à cause, disent les auteurs du temps, des corps de lions qui étaient tout près d'elle. Quant au monument qui l'avoisine, on pourrait y voir les restes du palais de la princesse Pulchérie sœur de l'empereur Théodose II, qui se trouvait bien à cette place. Mais cela ne détruit pas nécessairement l'opinion qu'il pourrait avoir été également habité par Bélisaire, car ce général a fort bien pu, un siècle plus tard, en faire sa demeure. Dans l'état actuel de Stamboul, avec l'absence de traditions dont les Turcs n'ont aucun souci, ce rapprochement est une simple conjecture. Néanmoins il acquiert une sorte d'autorité en se complétant au moyen de la petite mosquée dont les minarets s'aperçoivent par-dessus les créneaux du mur. En effet, les musulmans l'appellent *Kutchuk-Aïa-Sophia*, ce qui veut dire la *Petite Sainte-Sophie*. Pour les Turcs Sainte-Sophie signifie une église chrétienne; ils veulent donc désigner celle de ce quartier sous le nom de *petite église*. Or, dans les historiens de Constantinople on trouve que Justinien avait édifié une église dédiée aux martyrs saint Bac et saint Serge, qui était précisément vers cet emplacement, à côté de la *Porte des Lions;* on peut donc penser que la mosquée à laquelle les Turcs ont donné le nom de la *petite Sainte-Sophie,* et qui porte en effet tous les caractères d'un temple byzantin, est celle de ces martyrs. On se trouverait alors en face d'un ensemble de monuments échappé en partie à la destruction et représentant l'époque si célèbre de la domination romaine.

Presque immédiatement au-dessous de ces vestiges vénérables qu'ont bronzés les brumes de la Propontide et le soleil d'Orient, et comme pour faire contraste avec la durée et la solidité de leur assiette, branle et vacille sur ses pilotis véreux un café turc. L'habitation du *Cavèdji,* faite de sapin et perchée sur des solives hors d'aplomb, plantées dans la mer comme les échasses d'un berger des Landes dans une flaque d'eau, semble un

8

défi extravagant porté à la fureur du flot qui ébranle incessamment cette demeure d'un jour, jetée là au pied des vieux murs comme une épave pourrie que la mer lave sans cesse mais rejette toujours. Et cependant tel est le charme du pittoresque, que cette masure vermoulue, avec ses balcons de travers, ses toits qui dansent, ses lucarnes brisées, ses volets décrochés, avec son café à balustres de bois, son tendelet de toile rayée que le soleil a roussi et sous lequel s'abritent en fumant les *Caikdjis* de l'échelle voisine, cette masure toute noire et poudreuse produit un effet ravissant en se détachant sur ce fond de vieilles pierres qui portent toutes l'empreinte des siècles et de la splendeur passée de Constantinople.

Près du café un petit môle sert de débarcadère et facilite l'accès par mer d'une porte moderne. Au delà les murailles se prolongent jusqu'au château des Sept-Tours qui forme l'un des sommets du triangle suivant lequel est tracé le plan de la ville. Dans ce profil maritime de Stamboul, çà et là coupé par quelques tours au pied desquelles mugit la mer qui les couvre d'écume, surgissent des minarets et des coupoles de mosquées mêlés aux cyprès dont les silhouettes se découpent en noir sur un ciel lumineux.

COUR INTÉRIEURE DE LA MOSQUÉE DU SULTAN BAYAZID.

(PL. 29)

Les mosquées de Constantinople ont plusieurs entrées : les unes latérales, les autres sur la principale façade qui donne sur une cour intérieure ayant tout l'aspect d'un cloître. Sur les quatre côtés de cette cour, qui forment un carré, s'élèvent des arcades portées sur des colonnes plus ou moins belles, selon qu'elles ont été empruntées à un édifice antique plus ou moins remarquable — car elles ont presque toutes la même origine. — Elles sont le plus ordinairement en marbre blanc ou de couleur; mais il s'en trouve de granit, de porphyre ou de jaspe. Les fûts seuls sont dus à l'antiquité. Quant aux chapiteaux, ils sont généralement modernes et dans le style oriental; ce qui fait qu'ils sont à peu près invariablement tous d'une matière différente de la colonne même, celle-ci étant d'un marbre teinté, tandis que le chapiteau turc qui la surmonte est en marbre blanc, ainsi que la base. Cette différence entre les diverses parties de la colonne peut être tout à fait contraire aux règles de l'art telles que nous les ont transmises les grecs; mais, n'en déplaise à la règle, cette anomalie est loin de choquer la vue, et l'original assemblage qui résulte du mélange de ces marbres multicolores est d'un effet agréable. Les architectes turcs, afin, sans doute, de faire disparaître ce qu'aurait pu avoir de choquant le disparate résultant de la différence de ton entre la colonne et ses extrémités, et pour allier cette bizarrerie à la partie supérieure de l'édifice qui est d'un blanc éblouissant, ont eu l'heureuse idée de composer les arceaux soutenus par ces colonnes de parties également bicolores qui sont les claveaux de ces arcs alternativement d'un ton clair ou foncé.

La cour de la mosquée du Sultan Bayazid est un échantillon remarquable du genre. Entourée de vingt arcades, dont cinq sur chaque face, elle est ornée de vingt colonnes du plus beau marbre antique coloré; leurs chapiteaux blancs sont taillés, suivant le style arabe, en stalactites qui présentent un nombre infini de facettes. Sur ces colonnes s'appuient et s'élèvent gracieusement, en ogives, les vingt arcades que dessinent, sur le fond blanc de l'entablement, les claveaux en marbre de deux couleurs. Sur l'un des côtés l'arcade du milieu est plus élevée et laisse voir la grande porte du temple, sur laquelle retombe une portière épaisse afin d'intercepter du dehors la vue du sanctuaire, et de ne pas troubler les prières.

Au milieu de la cour est la fontaine destinée aux ablutions. Enfermée dans une cage faite d'un élégant treillis de fer doré, elle distribue, par plusieurs becs de cuivre, des filets d'eau sous lesquels les turcs viennent placer leurs pieds et leurs bras nus qu'ils lavent scrupuleusement, afin de ne pas porter dans le temple d'Allah la poussière qui pourrait en souiller le sol. Au-dessus de la fontaine s'élève une large coupole de plomb, surmontée du croissant, et soutenue par huit colonnettes de marbre blanc.

Cette *tchechmèh* est ombragée par quatre cyprès séculaires, géants aux cent bras qui portent jusqu'au niveau du dôme principal les gracieuses girandoles de leur feuillage dont le soleil a peine à colorer les teintes sombres par ses feux ardents. Autour des troncs de ces vieux arbres dénudés et blanchis par le temps, sont disposés, à quelques pieds du sol, de petits treillages en forme d'auvents, à travers lesquels glissent, en se tortillant en tous sens, des vignes dont les larges feuilles projettent à terre leur ombre hospitalière. Sous ces abris se tiennent, accroupis sur les dalles de marbre, des marchands qui, dans des châssis vitrés ou des vases de cristal, offrent à la dévotion ou à la sensualité de ceux qui fréquentent la mosquée, des chapelets, des amulettes ou des parfums et des pipes avec d'autres menus objets.

Cette fontaine, ces turcs qui se préparent à la prière par l'ablution, ces cyprès noirs dans l'ombre et frangés d'or du côté du soleil, ces treilles qui les enlacent, et sous lesquelles sont gravement assis ces marchands, cet ensemble pittoresque encadré par ce cloître d'une architecture élégante que surmonte majestueusement le dôme de la mosquée, forment un tableau aussi charmant qu'original. Mais ce qui ajoute beaucoup au cachet dont cette scène orientale est empreinte, c'est la quantité innombrable de pigeons que l'on aperçoit çà et là, isolés ou par groupes, et que l'on entend roucouler de tous côtés, les uns perchés dans les branches des cyprès, les autres posés sur la fontaine ou se becquetant sur l'angle d'un chapiteau; les plus hardis cramponnés par leurs griffes sur la pente des coupoles et battant des ailes pour se relever sur leurs pentes glissantes; d'autres, dans l'air, où ils décrivent des courbes immenses, et détachés sur le ciel bleu, voltigent et se poursuivent à tire-d'aile, jusqu'à ce que fatigués de leurs évolutions aériennes, ils viennent se poser aussi sur le vaste dôme pour s'y rengorger et roucouler amoureusement. Si haut qu'ils soient, ils voient parfaitement ce qui se passe dans la cour de la mosquée; et si un visiteur charitable jette sur le pavé une poignée de blé ou d'orge, à l'instant même on les voit de toutes parts fondre, en phalanges serrées, sur ces graines qui sont en un clin d'œil enlevées. Habitués à ce manège et parfaitement familiarisés avec les pieux visiteurs, ils ne font aucune façon de venir manger à leurs pieds, au milieu d'eux; et, dans leur empressement, il y a plus d'un turban effleuré d'un coup d'aile, plus d'une barbe dont le poil se hérisse au vent de la trombe emplumée. Celui qui a ainsi attiré cette multitude de pigeons, l'a fait par piété, et en souvenir du sultan fondateur de la mosquée. — On raconte, en effet, qu'un jour Bayazid rencontré par une pauvre femme qui lui demandait la charité en montrant deux pigeons, lui acheta ces oiseaux et en fit don à sa mosquée où on les a conservés religieusement. — Depuis ce temps ils ont considérablement pullulé, et aujourd'hui il y en a un tel nombre que le commerce du vieux turc à qui l'on achète les grains qu'on leur jette, est devenu très-lucratif.

Le sultan qui a érigé cette mosquée est Bajazet II, en turc Bayazid. Fils de Mahomet II conquérant de Constantinople, il était frère aîné de Zizim. L'histoire a conservé le souvenir des malheurs de ce prince fugitif qu'on appelait aussi le sultan *Djem*. — Après avoir voulu détrôner Bayazid, il fut obligé de chercher un refuge à Rhodes auprès du grand maître Pierre d'Aubusson. Devenu un embarras pour les chevaliers, il passa en Europe où après avoir été successivement l'hôte de Louis XI et du pape Innocent VIII, il finit, après une longue captivité au château Saint-Ange, par mourir à Terracina, empoisonné par Borgia pape sous le nom d'Alexandre VI, dont le crime fut largement payé par Bajazet.

Le tombeau du sultan Bayazid est à côté de la mosquée. Il y repose sous un catafalque recouvert de cachemires que surmonte son turban orné de l'aigrette impériale. On prétend que, prenant à la lettre les paroles du Koran : « Celui qui s'est souillé de poussière dans les sentiers d'Allah n'a pas à redouter les feux de l'enfer, » ce prince fit avec soin, recueillir la poussière dont ses chaussures avaient été couvertes durant sa vie, et il en façonna une brique sur laquelle il ordonna de poser sa tête après sa mort, ce qui fut fait ainsi.

TEKIR-SERAÏ

(PL. 30)

Adossés aux murailles de Constantinople qui regardent l'occident, et dans un quartier où les anciennes relations s'accordent à placer le célèbre palais du Blaquernes élevé par l'empereur Emmanuel Comnène, sont les restes d'un édifice qui, s'il n'a pas les dimensions d'un palais, a cependant toutes les apparences d'une habitation de premier ordre. Son architecture byzantine se reconnaît d'une manière évidente, à ses arcades cintrées formées de pierres et de briques assemblées, posant sur des massifs composés également de lits alternativement faits de petites pierres taillées et de briques; des consoles agrémentées de corps de dragons et de chimères soutiennent de petites arcades en ogive et ajoutent au caractère byzantin de cette construction, qui, sur une autre de ses faces, se complète par des colonnes de marbre avec des chapiteaux tourmentés, frisés, animalisés dans le goût grec moderne. Cette partie du monument est enterrée dans un amas de décombres qui montent à une hauteur telle que les colonnes y sont enfouies presque en totalité. Une famille juive qui s'y est retranchée y cache son existence sous les débris et la poussière séculaire de cette habitation dont la vétusté et le délabrement sont bien en harmonie avec la misère et la saleté de ceux qui l'occupent.

Personne à Constantinople ne sait dire ce qu'a été cet édifice. Le nom de *Tekir-Seraï* qu'on lui donne aujourd'hui ne rappelle rien qui se rattache à Byzance.

MOSQUÉE DE SOLIMAN.

(PL. 31)

Cette mosquée que les Turcs appellent *Suleïmân-Djiamissi*, ou simplement *Suleïmanyèh*, est, par les proportions de son sanctuaire et l'élévation de sa coupole, la plus grande et la plus imposante de Constantinople. Placée au sommet d'une éminence qui domine la corne d'or, l'arsenal et un vallon sur les pentes duquel se déroule un quartier de Stamboul, elle se présente avec toute la majesté d'un temple superbe. Elle fut construite, au milieu du XVIe siècle, par Soliman II surnommé le grand et le magnifique. L'histoire a consacré les actes de ce prince dont le souvenir est resté comme celui du plus grand souverain ottoman.

L'immense coupole de la *Suleïmanyèh* s'élance au milieu de dix autres dômes plus petits; elle est supportée à l'intérieur par des voûtes et des piliers de la plus grande richesse, que relient des arcades soutenues par quatre colonnes de granit égyptien d'une grosseur et d'une hauteur extraordinaire. Sur une des faces de la mosquée sont six colonnes de porphyre de la plus grande beauté. On dit que pour la construction de cet édifice on employa des matériaux provenant d'une église célèbre de Chalcédoine, sous l'invocation de Ste-Euphémie. Il est probable que des emprunts du même genre ont dû être faits à d'autres temples anciens, notamment à ceux de la Concorde et du Soleil dont les emplacements paraîtraient correspondre à celui de la mosquée de Soliman.

Au XVIe siècle il n'y avait là que de chétives maisons qui furent achetées par le sultan pour faire place au monument qu'il projetait. On raconte à ce propos une anecdote qui fait honneur à l'esprit de justice de ce prince. Toutes les dispositions étaient prises pour tracer le plan de la mosquée, qui se trouvait à peu près complet sauf en un point encore obstrué par la demeure d'un juif qui s'obstinait à ne pas vendre son terrain au sultan. — On n'avait pas, dans l'empire turc, de loi d'expropriation telle que celle dont l'autorité est armée en France, et au moyen de laquelle, quel que soit le prix que nous attachons à l'héritage de nos pères, elle peut nous chasser du toit paternel et anéantir dans la poussière l'objet de nos plus chers souvenirs, la religion de notre piété filiale. — A défaut d'une loi semblable, le sultan consulta le muphti qui lui dit que *le Koran défendait de bâtir un temple sur une propriété acquise d'une façon injuste.* — Le Koran a donc plus de respect pour la propriété que les lois de notre civilisation; et cependant il s'agissait d'une mosquée, c'était un juif qui en gênait la construction, et c'était le sultan qu'il contrariait. — Soliman *le conquérant* ne voulut pas user de son pouvoir; il respecta la masure israélite et corrigea le plan de la *Suleïmanyèh*.

TOMBEAUX DE SOLIMAN II ET DE ROXELANE.

(Pl. 32)

Autour de la mosquée de Soliman s'étend une large promenade ombragée par de magnifiques platanes dont les racines, de même date que les fondations des minarets, ont généreusement nourri les branches qui atteignent presque la hauteur de ceux-ci. Sous ces beaux arbres contemporains du grand sultan, à l'ombre que projettent leurs longs bras feuillus, les mollahs se promènent en égrenant leurs chapelets, tandis que les étudiants qui fréquentent l'école s'y reposent en fumant le nahrghilèh. A quelques pas d'eux s'arrêtent les *arabás* qui amènent des femmes de qualité à la mosquée, et les bœufs blancs qui les traînaient ruminent à l'ombre en agitant leurs chasse-mouches. Sur le côté du nord la promenade forme terrasse et domine un quartier de la ville qui descend vers le port où se croisent les mâts des navires dont les bannières flottent dans l'air diapré de mille couleurs.

Au levant de la mosquée, enfermé dans un mur percé de larges baies grillées, est un jardin planté de cyprès dont la verdure sévère est égayée par des touffes de lilas et de rosiers mêlés à des jasmins. Le passant qui s'approche, et, à travers les barreaux de fer, plonge un regard curieux sous la feuillée, n'y voit qu'une ombre mystérieuse dans laquelle se jouent en gazouillant quelques petits oiseaux, seuls êtres qui troublent le silence de ce lieu tranquille. Du milieu des branches s'élèvent deux coupoles qui surmontent deux monuments jumeaux séparés seulement par quelques branches odoriférantes de chèvre-feuilles enlacées à des pampres sans raisins : ce sont les mausolées de Soliman II et de la fameuse Roxelane. Ce grand empereur qui, de cette esclave qu'on surnomma *Khourrem* ou *la favorite*, avait fait une sultane, ne voulut point être, après le trépas, séparé de celle qu'il avait tant aimée. Il ordonna que la même enceinte renfermât les deux tombes, il prépara lui-même le dernier séjour où, pour l'éternité, il voulait être réuni à celle qui avait eu toutes ses affections pendant la vie. — Pourquoi ce touchant exemple d'amour conjugal, si peu d'accord avec les mœurs musulmanes, a-t-il été donné au profit de la mémoire d'une femme aussi impérieuse et cruelle ! — Elle était esclave et venait de la Gallicie, autrefois Russie rouge, ce qui lui valut son nom de *Roxelane*, quand elle entra dans le harem du sultan. Soliman avait des enfants d'une femme qu'il avait aimée. L'esclave, d'abord favorite, puis sultane, prit un tel ascendant sur le cœur et l'esprit de son époux qu'elle obtint de lui l'arrêt de mort des enfants de sa première femme. Ils furent étranglés afin que le trône fût assuré au fils de Roxelane. On dit que Soliman, revenu de son égarement, eut des remords, et que ce fut en expiation de ce crime qu'il éleva la mosquée près de laquelle il repose à côté de celle dont il servit si aveuglément la criminelle ambition.

PALAIS DE HEZMÈH-SULTANE A EYOUB.

(Pl. 33)

Quand, en Kaïk, on a dépassé le pont de Galata et l'arsenal, on ne tarde pas à entrer dans un courant d'eau douce que produisent, en se réunissant, les deux petites rivières Cydaris et Barbizès. En remontant ce courant on est bientôt devant un des quartiers extérieurs de Constantinople qui s'élève sur la rive droite, et que l'on appelle Eyoub. Comme dans le Bosphore, le rivage est bordé de jardins, de kiosques ou d'habitations dont quelques-unes paraissent importantes.

Celle qui attire le plus les regards est un palais ou Seraï qui a été construit pour une sultane du nom de *Hezmèh*. Du milieu des arbres qui l'entourent et l'ombragent, s'avance sur l'eau un grand pavillon dont les arcades du bas se mirent et se prolongent dans le liquide miroir, en y reproduisant les balustrades qui les ferment et les colonnes de bois qui les supportent. Au-dessus de cette galerie suspendue sur le flot clapotant du Cydaris, est une suite de grandes fenêtres qui, à travers les découpures de leurs carreaux peints et des grilles qui les défendent, laissent pénétrer une douce lumière dans un salon tout d'or, de mosaïque et de peinture d'un effet charmant. La richesse et l'élégance de l'ornementation de cette pièce font le plus grand honneur au goût et à l'habileté des décorateurs turcs, et tout y est dans une harmonie parfaite avec la destination du séjour réservé en ce lieu à une princesse. A ce kiosque sont attenants d'autres corps de logis dont les jours soigneusement fermés par des treillis en bois, indiquent qu'ils sont la partie secrète du seraï, celle d'où les regards peuvent sortir, mais où ils ne sauraient pénétrer du dehors. Derrière ce palais s'élèvent deux mosquées dont les dômes et les minarets jaillissent d'un massif de verdure où les sycomores et les cyprès mêlent leur feuillage sans se confondre. Plus loin à travers les branches, on distingue des tombes de marbre blanc éparses ou groupées comme des pâquerettes émaillant les pelouses vertes qui descendent le long des coteaux voisins.

ÉCHELLE D'EYOUB.

(PL. 34)

Après ce palais de Hezméh-Sultane, et toujours en remontant, on arrive à un débarcadère dont le plancher s'avance sur des pilotis qu'on accoste. Le kaïkdji s'y cramponne pour retenir sa barque près du bord et pour aider à en sortir. C'est l'Échelle d'Eyoub, *Eyoub-Iskelèssi*. Elle est flanquée à droite et à gauche de cafés dont les balcons suspendus sur l'eau, et les auvents avancés promettent un kief plein d'ombre et de rêverie à celui qui vient y demander le *findjam* et le *tchibouk* réparateurs. Devant cette échelle s'ouvre une rue à l'entrée de laquelle s'élève un élégant *turbèh*, aux grilles dorées soutenues par des colonnettes de marbre blanc; puis la rue s'allonge entre deux rangées de tombes qu'on aperçoit à droite et à gauche, à travers les baies ouvertes dans les murs qui la bordent, et dont la crête garnie de plantes grimpantes laisse retomber en guirlandes les étoiles blanches des jasmins accrochées aux épines des églantiers chargés de roses. A l'extrémité de ce chemin que borde la mort, mais qui semble conduire au paradis, s'élève la coupole d'une mosquée entourée de verdure; ses minarets ont peine à percer les touffes de platanes, de sycomores, de cyprès et d'érables qui les enlacent dans le réseau serré de leurs longues branches. Ce n'est autour de la *Djami* que dômes de feuillages ou coupoles de *turbèhs*, et ce lieu ravissant d'ombre et de fraîcheur verdoyante prête à la religion un charme mystérieux qui attire vers Dieu, comme il enlève à la mort qu'on coudoie de toute part, la tristesse lugubre qui l'accompagne d'ordinaire. Eyoub est un des endroits les plus fréquentés par les Turcs pieux, et aussi par le sultan. Le chef des croyants vient faire sa prière à la mosquée; on le voit souvent, vers le soir, passer dans son kaïk blanc, silencieux et immobile comme la fatalité qui, au-dessus de lui, règne et gouverne son empire.

KILITCH-DJIAMISSI OU MOSQUÉE DU SABRE A EYOUB.

(PL. 35)

La mosquée qui se dresse avec ses deux minarets à l'extrémité de la rue qui débouche sur l'échelle d'Eyoub s'appelle *Kilitch-Djiamissi* ou *Mosquée du Sabre*. Elle doit ce nom à ce que les sultans sont dans l'usage, lorsqu'ils arrivent à l'empire, de se rendre à ce temple, pour y remercier *Allah* de leur avénement au trône, et y ceindre, comme consécration de leur pouvoir, le sabre de Mahomet. La mosquée n'a d'ailleurs rien de remarquable par elle-même, mais le milieu duquel elle surgit lui prête un charme tout particulier. Tous ses alentours sont occupés par de vastes cimetières où les marbres de tous les sexes, de toutes les conditions comme de tous les âges indiquent que cette terre sacrée est recherchée par les musulmans qui souhaitent de reposer à l'ombre de la mosquée. Devant le temple un large escalier de pierre monte et conduit au sommet de la colline sur laquelle les tombes s'étagent en gradins funèbres.

MOSQUÉE DE ZALI-PACHA. — GRANDE RUE D'EYOUB.

PL. 36

Ainsi que nous l'avons dit, Eyoub est un quartier, ou pourrait dire une ville, que les Turcs de Constantinople ont en grande vénération. Les cimetières en sont immenses et très-fréquentés; les rues y sont bordées de *turbéhs* et de mosquées, et, en les parcourant, l'œil se repose mélancoliquement sur des tombes élégantes, ou sur des minarets du haut desquels descend douce et cadencée la prière des *Muezzins*. Tout y respire la piété, tout y parle de dévotion : le culte d'Allah, comme celui des morts, y témoigne de tous côtés de la foi mahométane.

L'une des rues les plus longues et les plus larges, la plus spacieuse peut-être de Constantinople, est à Eyoub. A ses deux extrémités, dans l'atmosphère vaporeuse d'un horizon assez proche pour qu'on y distingue vaguement des formes, s'élèvent les pyramides de nombreux cyprès sous lesquels se dressent en foule pressée, comme des ombres dans leurs linceuls, les pierres blanches de mille tombeaux. A l'Orient, c'est le cimetière qui borde les murs de Stamboul; à l'Occident, c'est celui de la *Mosquée du Sabre*, qui monte et recule incessamment ses limites sur le flanc légèrement incliné de la colline au pied de laquelle s'écoule le Cydaris. Cette grande rue est sillonnée par des arabas garnis de femmes nonchalamment étendues, qui viennent chercher au pied des marbres funéraires les émotions que leur refuse la vie monotone et retirée du Harem. Ces voitures silencieuses qui glissent lentement sur le sol que foule sans bruit le sabot des bœufs qui les tirent, se croisent avec de nombreux piétons, mollahs, étudiants, ou dévots qu'attire dans cet endroit la prière ou l'étude.

Vers le milieu de cette voie si fréquentée, sous un auvent à dentelles de plomb, surmontée d'un pavillon qui porte le croissant, s'ouvre la porte d'une mosquée due à la piété d'un pacha. A gauche de cette porte, s'élève un très-beau mausolée dont la construction présente cette particularité architecturale, de quatre faces courbes qui paraissent tracées suivant un cercle, et forment à l'intérieur une rotonde, mais qui se trouvent extérieurement coupées par quatre contre-forts ou piliers correspondant aux quatre angles d'un carré. Sur ces piliers décorés de pilastres à chapiteaux, et surmontés de clochetons, repose la coupole qui termine ce monument. L'arbre funèbre projette son ombre épaisse et conique sur le *turbéh* de Zali-Pacha qu'abrite de son côté un immense platane.

CIMETIÈRE ET MURAILLES PRÈS DE LA PORTE DITE EIVAN-KAPOUSSY.

(PL. 37)

En suivant la grande rue d'Eyoub dans la direction de l'Orient, on se rapproche de l'enceinte de Stamboul dont on aperçoit bientôt les vieilles tours et les créneaux çà et là recouverts de lierres touffus. La voie large et droite qui débouche d'Eyoub ne tarde pas à se rétrécir, et, tortueuse, encaissée, montant ou descendant, elle serpente à travers les cippes funèbres qui, le soir, dans le demi-jour d'un dernier rayon de soleil égaré sous les cyprès, semblent une armée en manteaux blancs veillant autour des remparts de la ville des sultans. Ce sentier raboteux et étroit mène à l'une des portes les plus fréquentées de la ville.

CAFÉS PRÈS DE LA PORTE DITE TOP-KAPOU.

(PL. 38)

En faisant la description de Stamboul, nous avons dit que cette ville avait la forme d'un triangle dont deux côtés sont baignés par la mer de Marmara et la Corne-d'Or, et le troisième, sur la terre ferme, s'étend de l'une à l'autre. C'est de ce troisième côté que l'enceinte de la ville offre l'aspect le plus imposant. Quand elle eut acquis assez d'importance pour que l'on dût penser à la fermer, les eaux du golfe ou les flots de Marmara étaient des défenses naturelles qui n'exigeaient, pour être complétées, qu'une simple muraille flanquée de quelques tours. Mais, là où le sol ne devait pas manquer sous le pied des assaillants, il fallait songer à rendre inaccessible la partie de la cité qui se montrait la plus vulnérable aux coups de l'ennemi.

Les premiers remparts de Byzance, élevés dans un temps où l'art de la fortification, dans toute sa simplicité, n'avait pas à se préoccuper des attaques impuissantes que pouvaient tenter des agresseurs armés de lances ou de flèches, ne présentaient partout qu'un mur dont la hauteur suffisait à protéger ses défenseurs. Construit en pierres énormes dont les fragments retrouvés attestent une épaisseur de plus d'un mètre, il était consolidé et défendu par des tours élevées. Le massif de la maçonnerie était tel qu'à la partie supérieure régnait un espace assez large pour qu'on pût y circuler facilement, et faire le tour de la ville. Ces murailles avaient opposé aux efforts de Septime Sévère un obstacle assez puissant pour que le vainqueur, irrité d'une résistance de trois années, les fît raser.

Constantin, qui voulait faire de Byzance la première ville du monde, en trouva les limites trop étroites ; il les recula, et, après avoir donné au territoire de Constantinople l'extension que son ambition jugea propre à en faire la capitale de l'Empire d'Orient, il éleva une nouvelle enceinte. Mais si grands qu'eussent été les projets de Constantin pour l'agrandissement de la ville qui portait son nom, ils furent dépassés par ceux de Théodose, qui, en 413, fit abattre les murs élevés par celui qu'on peut appeler le fondateur de Constantinople, pour les reculer encore. Dans l'année 447, en dépit de la solidité des matériaux accumulés pour leur donner une épaisseur formidable, un tremblement de terre couvrit le sol de leurs débris qui furent relevés trois ans après par un gouverneur romain.

Ce ne fut que sous le règne des Paléologues que l'enceinte de Constantinople acquit ce degré de force, et cet appareil défensif qui arrêtèrent successivement les croisés et les Turcs. La science militaire, plus développée alors, sut lui donner des moyens de défense qu'elle n'avait pas eus jusqu'alors. Les hautes murailles crénelées, flanquées de grosses tours carrées qui dominaient au loin, furent renforcées d'un second mur, et bordées d'un fossé profond, large de cinquante à soixante mètres. Les matériaux antiques servirent à la construction de ces murs épais, et la pierre de taille, dure, compacte, que les siècles ont recouverte de cette rouille qui sied si bien aux vieux monuments, se retrouve partout presque générale et comme base de ces solides remparts. Mais les ébranlements causés par les tremblements de terre, ayant fait sans doute disparaître une partie des matériaux primitifs, on retrouve çà et là le cachet des constructions byzantines du moyen âge. Ainsi, en plusieurs endroits, on voit des portions de murs composées d'un appareil de petites pierres ou de briques, allié à des parements en larges pierres de taille ; des mâchicoulis ou des barbacanes s'avancent et présentent leurs ouvertures menaçantes au-dessus des vieilles murailles qui comptaient autrefois assez sur leur solidité et leur épaisseur pour mépriser ces moyens perfides, ressources d'un art obligé de prévoir les attaques plus savantes d'un ennemi initié à l'art des siéges.

Le développement total de l'enceinte de Constantinople est considérable, et l'on peut se faire une idée de l'aspect qu'elle présente par le nombre des tours qui, du côté de terre seulement, est de deux cent cinquante. Elle est percée de vingt-huit portes : l'une des plus célèbres est celle qui s'appelle *Top-Kapou*, et dont l'ancien nom était porte Saint-Romain. Celui que les Turcs lui ont donné signifie *porte du Canon*, et remonte à l'époque du siége par Mahomet II. Il paraît que c'est en face de cette porte qu'eut lieu le principal effort de l'artillerie du sultan, notamment celui de cette énorme pièce qui lançait un projectile pesant plus de six cents livres, et que trois cents bœufs avaient peine à mouvoir. En cet endroit, les tours sont fort endommagées, et les murailles, renversées dans le fossé, présentent de larges échancrures qui attestent la concentration d'une

attaque résolue à faire une brèche capable de donner passage aux assiégeants. Ce fut, en effet, par là que
Mahomet II, franchissant le fossé comblé des cadavres de ses janissaires, pénétra dans Constantinople, en passant
sur le corps percé et sanglant du dernier empereur grec.

Aujourd'hui cette *Porte du Canon*, si elle rappelle encore par les ruines qui l'entourent le suprême effort
des Turcs vainqueurs d'une résistance désespérée, n'offre rien de belliqueux au regard d'un ennemi nouveau.
Ses abords sont garnis de cafés où se donnent rendez-vous les promeneurs attirés de ce côté, et où se reposent
les conducteurs des nombreux arabas qui ont amené près de là, au champ des morts, les harems du voisinage.

MURAILLES PRÈS DE LA PORTE DORÉE.

(PL. 39)

Partant du château des Sept-Tours, près du rivage de Marmara, une voie étroite, et dont l'état actuel atteste
qu'elle se trouve dans un pays où les voitures sont peu en usage, suit l'enceinte de la ville. Autrefois pavé de
larges pierres, aujourd'hui défoncé, semé de trous où le pied se perd à chaque pas, ce chemin borde les fossés,
s'allongeant entre eux et une épaisse forêt de cyprès.

En le suivant, les idées se mettent vite en harmonie avec la sévérité du paysage : c'était dans ces mêmes
fossés d'un aspect si sauvage que les empereurs grecs nourrissaient des lions et des léopards; et l'on se rappelle,
non sans un certain effroi que la solitude de ces lieux vous inspire, que c'est de là que ces bêtes féroces s'élancèrent
lorsque les lâches défenseurs de Byzance eurent la singulière idée de faire combattre par ces animaux l'armée
latine qui les assiégeait. Un écrivain contemporain raconte que les lions, ayant attaqué bravement, tombèrent
bientôt percés de coups de lance; mais que les léopards, moins courageux, s'enfuirent effrayés, et que ne trouvant
d'autre voie de salut que du côté de la ville, ils y entrèrent en grimpant comme des chats le long des murailles. Il
ajoute que la population fut remplie de terreur en voyant avec quelle facilité les Francs avaient mis en déroute ces
redoutables adversaires.

D'autres pensées viennent encore à la vue de ces vieux murs, et l'on se souvient que là aussi ce fut un soldat
français qui, arrivé le premier sur les créneaux, y planta l'étendard de la croix, le lundi de Pâques de l'an 1204.
Ce fut un autre Français, appelé Pierre, car l'histoire a conservé son nom, qui enfonça la première porte par
laquelle les guerriers latins pénétrèrent dans la ville. Ces souvenirs de la gloire de nos pères font battre le cœur
d'un bien légitime orgueil, au moment où les descendants de ces nobles guerriers, passés comme eux par
Constantinople pour marcher à une autre croisade, viennent aussi de planter le drapeau de la France sur des remparts
ennemis.

En cheminant ainsi, on passe devant la porte appelée anciennement *porte Dorée*, par laquelle s'échappa
l'empereur Alexis fuyant l'épée victorieuse de Baudoin. L'arc de sa voûte la fait seule distinguer dans le massif du
rempart, car elle fut murée peu de temps avant le siége de Mahomet II, par suite de prédictions funestes; les mêmes
superstitions ont empêché depuis qu'elle fût rouverte. Rien de plus sévère, rien qui inspire plus la mélancolie que
cette route qui passe au pied de ces vieux murs éboulés, partagés par de profondes lézardes, près de ces tours
coupées en deux du haut en bas, retenues à peine par les puissantes griffes des lierres séculaires, ou entraînées par
le poids d'une végétation qui se nourrit dans la poussière de leurs débris. Çà et là les créneaux épars, les bastions
renversés au fond des fossés y gisent recouverts de broussailles impénétrables. Sur ces remparts déserts nulle
sentinelle ne veille, et de l'orifice de leurs meurtrières obscures, dans le silence et le crépuscule du soir, on n'entend
sortir que le cri lugubre de l'orfraie ou l'appel funèbre du hibou qui commence à y voir.

De l'autre côté du chemin, tout est morne, tout est triste aussi. Comme les vieux murs de Constantin et de
Théodose, s'élèvent droits et sombres les murs non moins impénétrables que forment, pressés les uns contre les

10

autres, les cyprès du champ des morts. Leurs têtes pyramidales se dressent dans l'air à la hauteur des créneaux, et si le passage des siècles, la dévastation des hommes ou des éléments ont imprimé leurs traces au bas des remparts, le temps, la peste ou la mort avec ses formes les plus douces n'en ont pas moins laissé au pied des vieux arbres. Eux seuls, toujours verts, ont de la vie; ils agitent leur lourd feuillage dans le silence qui les entoure. Parmi leurs troncs dénudés que l'âge a blanchis, se distinguent des milliers de tombes. Aussi loin que l'œil peut percer l'ombre sous l'épaisse verdure, il n'aperçoit que marbres funéraires, debout, penchés, couchés, mutilés, jaunis par le temps, ou blancs encore et montrant le trépas récent, lavés par les pleurs d'hier.

Longue et mélancolique promenade que celle-là. — Les bruits de la grande ville n'y arrivent pas; les pavillons de toutes les nations du monde n'y font pas entendre leur sifflement dans l'air; le tumulte des rues, le bruissement du port ou ce vague murmure semblable à celui de la mer au loin, qui trahit une cité populeuse, rien de tout cela ne monte jusque-là. Tout y est silencieux, tout y invite au recueillement, comme tout y parle du passé et fait rêver aux destinées des peuples, à l'existence des nations. — Depuis Byzas, le fondateur de Byzance, jusqu'aux Paléologues, que de vicissitudes, de combats et de ruines! Depuis les empereurs grecs jusqu'au sultan Abdoul-Medjid, que d'événements encore! Que d'acharnements, de massacres sur ces murs assiégés par les janissaires de Mahomet II! Que de séditions, de désespoirs derrière ces créneaux démantelés! Quel fanatisme après! Et quelle grandeur barbare avec Bajazet et Soliman! Que de gémissements chrétiens sous le glaive musulman! Que de haines dans ces deux peuples qui vivent là, côte à côte, mais profondément étrangers l'un à l'autre, vainqueurs et vaincus, mahométans et chrétiens! — Et l'avenir, que n'a-t-il pas éveillé d'espérances au cœur de ceux-ci! — Espérances sans foi, sans dévouement, sans patriotisme, sans orgueil national, celles que fait naître l'asservissement prolongé, humiliant, celles qui font désirer un autre maître, mais n'éveillent pas le sentiment de l'indépendance et de la nationalité.

COTE D'ASIE PRÈS DE SCUTARI.

(PL. 40.)

Quand on sort de la mer de Marmara pour entrer dans le Bosphore, à gauche se développe tout Stamboul enfermé dans les murs du Seraï, à droite s'élève la côte d'Asie, et en face, derrière la tour de la Jeune-Fille, les rives du détroit s'en vont se perdant dans l'horizon brumeux de la mer Noire. On est là resserré entre deux terres toutes différentes : l'une, à l'occident, où finit l'Europe, où la civilisation lutte contre la barbarie qu'elle veut effacer; l'autre, à l'orient, où règne encore l'islamisme fanatique, où le Turc se maintient en maître à l'abri de la corruption chrétienne qu'il redoute d'autant plus qu'il en comprend mieux la puissance. C'est l'Asie, c'est le véritable Orient, celui des rêves et des poëtes, celui que l'imagination se plaît à voir sous l'aspect le plus resplendissant de lumière, le plus riche en souvenirs.

La première forme réelle sous laquelle il se présente là est d'ailleurs bien faite pour charmer l'esprit : rives verdoyantes caressées par un soleil radieux qu'adoucissent les ombres d'une végétation gracieuse; kiosques élégants aux grilles discrètes, où passe plus d'un regard curieux, mais où veillent des yeux jaloux; mosquées blanches et minarets brodés qu'ombragent les grands bras des platanes ou qui s'abritent sous le feuillage étalé des pins; et derrière tout cela, au delà de cette silhouette magique que la nature a découpée de façon à désespérer le peintre le plus habile, l'Asie, la terre biblique pleine de mystères, ce sol sacré berceau du genre humain, ce grand pays encore ignoré en dépit de l'histoire et des voyageurs, s'en va bien au loin, du Bosphore à la Perse, du Tigre jusqu'au Gange, et de l'Inde à la Chine, se perdant tour à tour à travers les vallées les plus délicieuses et les plus affreux déserts, couvert des débris de ses idoles, des ruines de ses temples, des palais de ses rois, des ossements de ses nations diverses, et conservant à peine le souvenir de sa gloire ou les traditions du passé.

ÉCHELLE DE SCUTARI.

(Pl. 44)

En face de Constantinople, baignée aussi par le flot rapide qui descend de la mer Noire, s'élève en amphithéâtre la ville de Scutari, la ville orientale, la cité asiatique, en turc *Iskudèr*. Les mêmes motifs qui avaient fait donner au port de la capitale turque le nom de *Corne-d'Or* avaient fait surnommer Scutari *Chrysopolis* ou *ville d'or*. Sans doute, dans les temps reculés, à l'époque de la plus grande splendeur de Byzance, Scutari devait être très-florissante. Sa position en devait faire l'entrepôt de toutes les richesses que l'Asie envoyait à l'Europe; c'était le but de toutes les caravanes, le terme des voyages qui avaient commencé à l'Inde ou à la Perse, et les précieux produits de ces pays alors industrieux venaient s'entasser là jusqu'à ce que les kaïks et les santals sans cesse en mouvement pussent les transporter à Constantinople.

Scutari a toujours été trop liée au sort de Constantinople, sa prospérité a nécessairement trop dépendu de celle de la grande métropole de l'Orient, pour n'avoir pas éprouvé les mêmes vicissitudes, passé par les mêmes péripéties. Mais l'Asie aussi a exercé son influence sur l'existence de cette ville. L'Asie aujourd'hui engourdie, languissante, presque éteinte, n'alimente plus que faiblement les bazars ou les caravansérails de Scutari, et la *ville d'or* ne méritant plus son nom, il est oublié.

A défaut de commerce et de richesses il reste encore à Scutari, pour l'animer et lui prêter un reste de vie, la dévote prédilection que les Turcs conservent pour elle. Venus de l'Asie, ils affectionnent le sol asiatique. Depuis quatre siècles seulement, *campés* sur le rivage d'Europe, ils ont toujours leurs regards tournés vers l'Orient. Pour eux, *Iskudèr* est le port de salut; c'est là qu'ils espèrent un refuge si la destinée les forçait à repasser le Bosphore. L'Asie, c'est la patrie de leurs ancêtres, la contrée où naquit Mahomet, où fut le berceau de l'islamisme, où, prêchée le glaive à la main, la religion du Koran rayonna dans tous les sens jusqu'à ce rivage où longtemps elle s'arrêta, mais qu'elle franchit enfin. Jusqu'à ce jour, les musulmans de l'Asie-Mineure se sont maintenus dans la simplicité barbare de leurs mœurs primitives, comme ils ont conservé le fanatisme de l'orthodoxie mahométane. C'est là que se réfugient ou sont exilés les mécontents, les exaltés dont la Porte redoute l'hostilité aux réformes que lui impose souvent l'Europe. Aussi, pour les Turcs zélés dans leur foi, la terre de Scutari est-elle considérée comme un sol sacré.

L'échelle de Scutari, bien que cette ville ne soit pas très-vivante, est une des plus fréquentées par les kaïks. A toute heure du jour il y afflue de Constantinople une foule de visiteurs que déposent sur la grève des barques de toute grandeur. Les légers kaïks à un ou deux rameurs y amènent ceux qui peuvent faire les frais d'une ou deux *paires de rames*, *iki tchufteh*, comme disent les Turcs, tandis que les *kaïks-bazars*, grandes et lourdes barques que font avancer péniblement huit ou dix bateliers, y transportent à la fois jusqu'à trente ou quarante passagers pour quelques *paras*. Au fond de ces bateaux, les nations, comme les religions, se confondent, les professions les plus diverses se coudoient, et les langages les plus variés se mêlent. Le soldat fume son tchibouk à côté de la femme qui se cache de son mieux dans son voile blanc; le musulman et le chrétien, qui se sont éloignés l'un de l'autre par antipathie, sont séparés par le juif qu'ils exècrent tous deux; l'Arménien se croise avec le Grec, le Kurde avec l'Arabe, tandis que l'*effendi* échange quelques mots avec le Franc dans ce langage particulier à l'Orient, truchement général qui a cours dans tout le Levant, dialecte sans nom, idiome sans règle qu'on appelle la *langue franque*. Depuis le lever du soleil jusqu'à son coucher le petit port de Scutari voit ainsi arriver et partir sans interruption les kaïks qui se balancent doucement sur la vague au bord du quai.

MOSQUÉE DE LA SULTANE VALIDÉ A SCUTARI

(Pl. 42)

L'échelle ou débarcadère de Scutari est au bord d'une place au milieu de laquelle est une jolie fontaine en marbre. Ce petit monument à quatre faces, couvert de son large auvent, est dû à la piété d'une sultane, ainsi que la mosquée qui s'élève à côté. Elles portent toutes deux le nom de *Sultane-Validé*. Mais comme ce nom de *Validé* est le titre qu'on donne généralement à la sultane mère d'un souverain il n'indique en aucune façon quel est son auteur. On lui a donné aussi le surnom d'*Ibrik-Djiamissi* ou mosquée de l'*Ibrik*. Ce mot turc signifie aiguière et lui viendrait de ce que sa forme se rapproche, dit-on, de celle d'un vase de cette espèce, ce qui serait très-difficile à justifier. La ville de Scutari étant bâtie sur un coteau dont la pente est assez rapide, la mosquée de la Sultane Validé se trouve sur un plan plus élevé que la place qu'elle domine. On y arrive par un escalier de pierre, au pied duquel sont des cafés dont les serviteurs, tour à tour barbiers ou cafetiers, rasent le crâne des Turcs, font la barbe aux Grecs, et frisent la moustache de tous ou leur offrent le tchibouk et le moka qu'ils dégustent lentement en égrenant leur chapelet d'ambre. Tout autour du débarcadère sont d'autres cafés pleins de bateliers ou de passagers qui attendent le moment de s'embarquer. Sous des treilles de pampres ou des morceaux de vieille toile roussie par le soleil ils s'abritent de la chaleur dans une atmosphère de fumée que renouvellent sans cesse les tchibouks et les narghilès.

FONTAINE DU CHAMP DES MORTS A SCUTARI.

(Pl. 43)

Derrière la ville d'*Iskudèr* s'étend un immense champ des morts. C'est là que les Turcs pieux, même ceux qui habitent Stamboul, désirent que leurs restes soient déposés. Ils croient que le repos de leur cendre est plus assuré sur la terre d'Asie que sur celle d'Europe. Ce préjugé ou cette pensée prévoyante, si l'on admet comme possible que les Ottomans soient refoulés un jour de l'autre côté du détroit, a été la cause de l'agrandissement prodigieux des cimetières de Scutari. L'immense plaine qui s'étendait autrefois à l'est de cette ville est aujourd'hui couverte d'une forêt de cyprès qui n'a pas moins de trois à quatre kilomètres de largeur. Tout un monde de trépassés est là qui dort à l'ombre de ces arbres, et les tombes s'y pressent de tous côtés comme la foule dans une cité populeuse. On a calculé qu'avec les pierres tumulaires de ce vaste champ des morts on pourrait complétement rebâtir les murailles de Constantinople, qui ont, comme nous l'avons dit, un développement considérable.

A l'entrée d'une des voûtes ombreuses qui circulent au travers de cette nécropole est une jolie fontaine à laquelle s'appuient quatre arcades en ogive, soutenues par de petites colonnes en marbre blanc que surmontent des chapiteaux arabes à facettes prismatiques comme des cristaux. A travers les grilles qui ferment ces arcades se voient des pierres funèbres élégamment sculptées et ornées d'arabesques ciselées, coloriées, entremêlées de légendes et de prières adressées au Prophète. Ce sont les tombes d'une famille reposant dans la même enceinte, à l'ombre des rosiers et des jasmins qui penchent leurs fleurs odorantes vers les morts qui sont là, comme s'ils voulaient encore satisfaire leurs sens éteints.

MOSQUÉE DU SULTAN SELIM A SCUTARI.

(PL. 14.)

L'extrémité méridionale de Scutari est coupée de jardins et de tombeaux qui marient leur verdure ou leur élégance funèbre aux harems et aux kiosques. Cet ensemble pittoresque se termine par un groupe d'un effet charmant, au sommet de la colline dont le pied s'enfonce dans la mer. La mosquée du sultan Selim, que les Turcs appellent *Selim-Djiamissi* ou, par abréviation, *Selimiëh*, élève sa coupole et ses riches minarets à côté des gigantesques pavillons d'une immense caserne. L'un et l'autre, le temple et le bâtiment militaire, sont dus à Selim III, et datent d'environ cinquante à soixante ans. Ce prince fut le premier qui projeta d'introduire dans l'Empire ottoman les réformes que l'abaissement de la puissance turque, d'une part, et les efforts de la diplomatie européenne, de l'autre, commençaient à rendre nécessaires. Malheureusement pour Selim, il apporta à cette tâche plus de zèle que de prudence, et, pour avoir voulu marcher trop vite, il fut arrêté brusquement par des révoltes de bazar ou de caserne, à la suite desquelles il fut détrôné, puis étranglé. Néanmoins, il avait jeté dans l'Empire la semence de transformations dont le germe se développa plus tard, arrosé par le sang des janissaires, sous le règne du sultan Mahmoud. Acceptées peu à peu, elles sont aujourd'hui reconnues indispensables par les Turcs éclairés, qui comprennent enfin que leur existence y est attachée, et que les repousser ce serait renoncer à jamais à faire partie de la grande famille européenne, parenté qui seule peut les sauver.

La nation turque ayant conservé les mœurs primitives de sa nature essentiellement guerrière, les premières réformes à lui faire subir devaient être militaires et porter sur l'armée. Aussi, dans le but de donner à ses troupes une organisation européenne, l'empereur Selim fit-il construire une immense caserne pouvant contenir six mille hommes, qui devaient former le noyau de la nouvelle milice. Il choisit pour cela un lieu élevé, bien aéré par les vents de la mer de Marmara, et situé près d'une vaste plaine où ses troupes pourraient facilement se déployer en s'exerçant aux manœuvres que devaient leur enseigner des instructeurs venus de divers points de l'Europe.

En Turquie, la religion et les besoins de la piété ne sont jamais oubliés. Pour les satisfaire, le sultan éleva à côté de sa caserne la mosquée à laquelle il a donné son nom.

On voit près de là, sur la pente de la colline et plus près de la mer, les restes d'un édifice qui présente une série d'arcades en plein cintre. Ce monument, qui n'est évidemment pas d'origine turque, porte le cachet d'une construction byzantine. Il représente probablement les restes d'un palais des Comnènes élevé en ce lieu, et qui devait faire partie de l'ancienne Chrysopolis dont les ruines éparses désignent à peine l'emplacement.

HAREM-ISKELESSI

ÉCHELLE DE LA COTE D'ASIE PRÈS DE SCUTARI.

(PL. 15.)

Au pied de la colline que lave en passant le courant du Bosphore, et sur laquelle se dressent les quatre kiosques de la caserne du sultan Selim avec les deux charmants minarets de la *Selimiëh*, est un débarcadère qu'accostent les kaïks amenant de Stamboul les femmes qui vont au grand champ des morts ou, dans la plaine d'Haïder-Pacha, assister aux courses du *djerid*. Cette échelle est la plus rapprochée de cette promenade fréquentée, et elle a l'avantage d'offrir un chemin plus solitaire pour s'y rendre. Aussi les femmes y débarquent-elles de préférence; ce qui lui a fait donner le nom d'*Harem-Iskelessi* ou *Échelle des Femmes*. A quelques pas de là, un escalier de pierre facilite l'arrivée au sommet de la colline qui est assez escarpée en cet endroit. Avancée dans la mer, elle forme une sorte de promontoire auquel les anciens avaient donné le nom de *Cap de la Vache*, en mémoire de la nymphe Io que la tradition disait avoir abordé en ce lieu lorsque, délivrée d'Argus par Mercure, elle erra par toute la terre, fuyant les persécutions de Junon.

De l'autre côté de ce promontoire la côte s'abaisse et va mourir dans la grande plaine d'Haïder-Pacha, qui s'étend jusqu'à *Kadi-Keuï*, village grec bâti sur l'emplacement de l'antique Chalcédoine. Les habitants de Kadi-Keuï n'ont pas conservé le souvenir du fameux concile qui condamna le célèbre hérésiarque Eutychès, ce père de tous les schismes qui divisent l'Orient chrétien. Ils ignorent aussi que c'est dans le vaste champ qui s'ouvre devant leur village que les chevaliers venus de France tinrent à cheval, et armés de toutes pièces, ce conseil suprême dans lequel la prise de Constantinople fut résolue. Ainsi le même rivage a vu l'orthodoxie chrétienne attaquée et vaincue par le schisme, et ce même schisme déclaré traître et punissable, huit siècles plus tard, par les croisés qui prêchaient la foi catholique la lance au poing. Et telle est la bizarrerie des événements qui se succèdent aux mêmes lieux, cette plaine, qui vit étinceler au soleil l'armure de Baudouin, de Montmorency et de Dandolo, voit aujourd'hui les baïonnettes des réserves de l'armée franco-anglaise briller au milieu de leurs tentes.

DÉTROIT DES DARDANELLES.

PL. 46.

Au sortir de la Corne d'Or, après avoir doublé la pointe du Sérai, on ne tarde pas à entrer dans les eaux de la mer de Marmara. On navigue pendant quelques instants presque sous les murs de Stamboul, et l'on peut jeter rapidement un adieu mêlé de regrets à ses vieux palais suspendus aux créneaux des murailles, à ses minarets étincelants, aux *yédi-koulèh* du sombre château des *Sept-Tours* qui disparaissent bientôt dans la brume.

La traversée de Marmara est courte, et, après quelques heures, se présentent d'autres minarets, d'autres tours lézardées : c'est Gallipoli dont la silhouette se découpe sur un fond de montagnes nacrées, en suivant la pente d'une colline sur laquelle elle est assise. Cette ville, gardienne d'une des entrées des Dardanelles, ne se présente pas de façon à en donner une idée favorable. Son port est petit, et, à l'exception de quelques *sandals* sur lest, dont les maigres mâts, semblables à de longs pendules, oscillent sous les murs d'un vieux château en ruines, on n'y voit guère de navires. Il a fallu tout l'intérêt de la guerre d'Orient, et la nécessité d'un camp rapproché du théâtre des grands événements auxquels elle devait donner lieu, pour apporter quelque animation à Gallipoli. Ses eaux dormantes, que l'aile des alcyons seule ridait de temps à autre, sont sorties tout à coup de leur calme habituel, lorsque les navires de guerre alliés, les transports, les grands chalands ont débarqué sur ce rivage l'armée qui venait prêter l'appui de ses baïonnettes au trône du sultan. Mais ce mouvement insolite, cette vie factice et éphémère passèrent vite, et la population de Gallipoli, stupéfaite de cette activité européenne qui fait tant et si vite, retomba bientôt dans le silence et l'engourdissement qui lui sont naturels. Ce fut comme un accès de fièvre qui laissa après lui l'atonie et l'abattement.

Cependant Gallipoli compte de quinze à seize mille habitants dont la principale industrie est la fabrication de cette espèce de maroquin rouge ou jaune employé pour la sellerie et les babouches. Il ne paraît pas que l'importance de cette ville ait été plus grande aux époques antérieures. L'antiquité en fait peu mention sous le nom de *Callipolis*, et elle ne commence à marquer que sous le règne de Constantin dont l'intérêt qu'il portait à la métropole de l'Orient s'étendit jusque-là. Elle attira l'attention des Turcs vers 1356, et ce fut la première conquête qu'ils firent sur le continent européen, un siècle avant la prise de Constantinople. Mais précédemment, en 1189, un fait remarquable assigna à cette ville une place dans les fastes historiques de l'Europe : c'est dans son port que Frédéric Barberousse, entraîné par l'éloquence de Guillaume de Tyr, qui venait de prêcher la troisième croisade, arriva, suivi de cent mille Allemands, pour passer en Asie et courir vers les rives du Cydnus dont les eaux devaient lui être fatales. Une autre célébrité se rattache aux fortifications aujourd'hui ruinées de Gallipoli. Les femmes d'une horde de Catalans qui s'y étaient établis, après avoir été chassés de Constantinople, y soutinrent, armées par leurs maris, une lutte héroïque contre les Génois, qui voulaient s'emparer de la ville. Elles contribuèrent par leur courage à repousser les assaillants, et assurèrent ainsi la domination de cette bande d'aventuriers devenus la terreur de tout le pays et dont les brigandages s'étendirent jusque dans l'Anatolie.

En entrant dans les Dardanelles, on a donc à sa droite Gallipoli : en face est Lampsaki. Du milieu des épais massifs de verdure qui descendent d'un coteau vers la mer, on voit surgir un petit minaret blanc qui domine quelques pauvres maisons. Des fragments de marbres et de colonnes, qui font partie de ces misérables constructions, sont tout ce qui reste de cette ville florissante au temps d'Alexandre qui s'y arrêta avant de traverser le Granique dont les eaux, perdues aujourd'hui dans les joncs des marais voisins, s'évaporent en miasmes pestilentiels. Priape était en grand honneur à Lampsaki, mais les autels de ce dieu étaient quelque peu négligés pour ceux de son père Bacchus, auquel l'exquise saveur des vins qu'on y récoltait invitait à sacrifier largement.

Près de là, en suivant la même rive, on dépasse une pointe qui s'enlève en blanc mat sur le bleu foncé des flots. Ce sont les batteries à fleur d'eau de *Khan-Bouroun*, qu'on appelle aussi pointe de *Nagara*. Derrière les embrasures, où sont assises résignées à leur inaction les sentinelles turques qui regardent passer les navires, rien ne révèle l'antique célébrité de cette plage. Et cependant c'était là que s'élevait Abydos, où naquit l'amoureux Léandre. Cette rive est celle d'où il s'élança dans la mer, sans souci de la tempête qui allait le briser sur les rochers de Sestos, aux pieds de sa belle prêtresse. Héro et Léandre, leurs noms survivent ; mais le temple de Vénus, la tour où l'amour allumait le fanal des deux amants, tout a disparu, et le voyageur qui passe cherche en vain leur place ; dans le murmure de la vague expirante sur la grève, il croit entendre la voix plaintive d'Héro succombant à sa douleur sur le corps inanimé de Léandre ; mais il ne voit qu'une côte solitaire dont le sable fin est léché sans trêve par la langue écumante du flot éternel de l'Hellespont.

Entre Abydos et Sestos le détroit très-resserré n'a guère qu'un kilomètre de largeur. La proximité du littoral européen avait sans doute fait choisir la première de ces villes par Xerxès qui y jeta son fameux pont. Ce sont les buissons du rivage qui fournirent à l'orgueilleux monarque les verges avec lesquelles il châtia la mer assez insolente pour avoir osé détruire son ouvrage. Après lui, Darius arriva jusque-là, et irrité de ne pouvoir franchir cette faible distance qui le séparait de la Grèce, s'en prit à la pauvre ville et l'incendia. Plus tard, comprenant mieux le rôle d'Abydos et les services qu'elle pouvait rendre, Antiochus de Syrie la fortifia, 190 ans avant J.-C. Aujourd'hui qu'en reste-t-il ! Rien, pas même des ruines, et, en dépit de ses mines d'or, l'abandon, l'oubli, ont remplacé sa vie passée. Son port, autrefois renommé, peut à peine abriter quelques barques, et les broussailles qui verdissent sur le bord étendent partout leurs ronces, cette végétation désolée des ruines, qui rampe et recouvre les souvenirs du passé.

Entraîné par le courant qui porte à la mer Égée les eaux de la Propontide, on passe rapidement devant les bastions et les forts qui, de droite et de gauche, sur le rivage d'Europe comme sur la côte d'Asie, veillent au salut de l'empire ottoman. Batteries rasantes ou plongeantes, à chaque pas on découvre un arsenal prêt à foudroyer le navire qui tenterait en ennemi de forcer le passage. Le nombre des canons qui le défendent est énorme, et le feu qu'ils pourraient faire serait formidable. Cependant il y a dans cet appareil militaire beaucoup plus d'apparence que de force réelle. Les Turcs, ne se préoccupant que de la mer, ont négligé le côté de la terre, et n'ont pas pensé que toutes leurs batteries, ne s'opposant pas à un débarquement, pourraient être tournées, prises à revers, et dès lors devenir inutiles. Aussi, jusqu'à ce jour, est-ce la lettre des traités, bien plus que le danger de la passe, qui a maintenu la clôture de ce détroit. On reconnaît ainsi successivement *Hissar-Sultanich*, grand château fort en avant de la ville qui à ce nom turc ajoute celui de *Dardanelles;* le fort de *Baïcouch* en face; et le fort de *Tott* dû à un officier français qui, vers 1760, donna au sultan Moustapha III plusieurs plans de ces fortifications. En avançant toujours et en se rapprochant de l'Archipel, on dépasse encore deux autres forts très-importants : l'un porte le nom de *Koum-Kalessi* ou *Château du Sable* ; il est situé sur la rive asiatique, près du Scamandre, dont le nom ne s'est pas assez complétement perdu pour qu'on ne puisse le retrouver dans celui de *Menderèh-sou*, qu'il porte actuellement; près de là, deux tumulus rappellent, croit-on, les tombeaux d'Achille et de Patrocle, et celui d'Ajax n'est pas loin; l'autre fort, assis en face, sur la côte d'Europe, s'appelle *Sed-Bahar-Kalessi* ou *Château digue de la mer*. C'est encore un des ouvrages du baron de Tott. Une opinion accréditée place en cet endroit le lieu choisi par Alexandre pour passer en Asie.

Toutes ces batteries sont vulgairement désignées par les noms communs de *Châteaux d'Europe* ou *Châteaux d'Asie*. Elles présentent, à peu de choses près, le même aspect : une ligne basse de maçonnerie blanche protége une rangée de canons de gros calibre dont les bouches sont presque au niveau de l'eau, et menacent ainsi les navires à leur flottaison, tandis que leur mâture aurait à redouter le tir des forts élevés en arrière sur un ou deux rangs étagés suivant l'importance de l'endroit. A l'intérieur de ces murs crénelés, sur lesquels flotte le pavillon rouge au croissant, s'aperçoivent quelques bâtiments servant de casernes, au milieu desquels se dresse un minaret. Il y a si peu de mouvement dans ces citadelles maritimes, qu'on les croirait abandonnées si l'on n'y apercevait de temps à autre un canonnier solitairement appuyé contre une embrasure.

SMYRNE

VUE PRISE DU PORT

(PL. 47)

En débouchant des Dardanelles on entre dans l'Archipel. Après une navigation de peu de durée pendant laquelle on reconnaît successivement le rivage de Troie, les îles de Ténédos, Lemnos, Mitylène aujourd'hui Métélin, on fait échelle à Smyrne. Au fond d'un golfe immense qui tourne en s'enfonçant dans les terres, comme pour y mieux abriter les navires, repose la seconde ville de l'empire turc. Son ancien nom, *Smyrna*, a été conservé par les Européens dans celui de Smyrne, mais les Turcs l'ont défiguré pour en faire *Izmir*. Elle a tout l'aspect d'une grande ville. Présentant une large base à la mer sur laquelle elle s'avance et se suspend au moyen de pilotis, elle s'étend fort au loin sur la pente d'une montagne où elle s'étage en un vaste amphithéâtre que couronne d'une manière toute pittoresque son acropole en ruines.

L'antique cité qui doit son nom à la nymphe Smyrna eut une certaine célébrité, mais elle fut éclipsée par celle d'Éphèse sa trop proche voisine. Sa fondation était attribuée à Tantale, et elle s'honorait d'avoir donné le jour à Homère; prétention qu'elle avait d'ailleurs en communauté avec d'autres villes de l'Ionie. Les tremblements de terre y furent fréquents, et les désastres qu'ils y renouvelèrent expliquent la disparition à peu près complète des vestiges de l'antiquité. Cependant on y a retrouvé çà et là, principalement dans le quartier musulman, les restes d'un théâtre, des débris de colonnes, des fragments de statues, et les temples de Jupiter, d'Apollon et de Cybèle ne sont pas sans y avoir laissé bien des traces. On pourrait sans doute y faire des découvertes heureuses si les préjugés des Turcs ne s'opposaient pas à des recherches qui devraient être conduites dans la partie de la ville qu'ils se sont réservée. Marc-Aurèle reconstruisit Smyrne après un de ces cataclysmes dans lesquels elle s'était abîmée, et d'autres empereurs romains, par qui son importance avait été bien appréciée, la favorisèrent largement. Indépendamment des temples élevés en l'honneur de Claude et d'Adrien, on y voyait un odéon, une école de musique et d'éloquence, un gymnase pour des jeux solennels, ainsi que d'autres établissements qui y attirèrent une nombreuse population.

Les empereurs grecs ne semblent pas avoir suivi cet exemple; ils paraissent au contraire avoir méconnu le rang qu'ils auraient dû conserver à Smyrne; car, sous leur domination, on la voit descendre et déchoir, ne se maintenant que par un négoce très-étendu que lui assuraient inévitablement sa position géographique et son magnifique port. Encore aujourd'hui c'est par l'immense commerce qui s'y fait, mais par les mains des Européens, qu'elle conserve la seconde place.

SMYRNE

VUE PRISE DU CIMETIÈRE DES JUIFS

(PL. 48)

Smyrne est entourée de belles montagnes qui comprennent entre elles des vallées délicieuses d'une grande fertilité, où croissent en abondance l'oranger, le citronnier et l'olivier. Au sud-est, sur un versant ombragé par un long rideau de cyprès, est le cimetière juif. Les dalles funèbres de leurs tombes, étagées comme des gradins, semblent être encore les marches du temple élevé en ce lieu à Esculape. On y retrouve les semelles des premières assises des colonnes de l'antique édifice dont les enfants d'Israël, rapaces jusque dans le tombeau, se sont approprié les pierres pour en faire leurs sépulcres.

De ce lieu élevé on découvre toute la ville. Son profil gracieux, accidenté de coupoles, de minarets, de cyprès qui entourent les mosquées, descend de la montagne qui l'abrite des vents du nord, jusqu'à la mer qui se joue au pied des maisons et clapote autour des innombrables navires de toute nation qui se bercent sur leurs ancres. La vieille citadelle, fière comme une reine déchue, debout encore au-dessus de la cité qu'elle protégeait en la dominant, montre les efforts désespérés de sa défense dans les larges brèches découpées sur l'azur du ciel. Cette acropole, dont l'origine se perd dans les siècles, paraît être de trois âges, c'est-à-dire avoir été construite ou réédifiée à trois époques différentes. Sur sa base cyclopéenne est greffé un mur grec attribué à Alexandre ou à l'un de ses capitaines, Lysimaque; tandis que, plus moderne, le couronnement du château porte le caractère byzantin du Bas-Empire. Les vicissitudes militaires de cette forteresse sont plus nombreuses encore que celles de sa construction. Tour à tour prise et reprise par les Grecs, les Romains, les Latins ou les Turcs, elle a vu planter successivement sur ses créneaux les étendards d'Alexandre, les aigles de Rome, la croix de Byzance abattue par les Ottomans et Tamerlan, puis les bannières des Génois, des papes ou des chevaliers de Rhodes renversées par Amurat, qui en assura la possession dans les mains des sultans.

Au fond du tableau, à l'ouest, se dessine dans un ciel pur la ligne à la fois gracieuse et sévère du mont Sipyle, aux flancs duquel la tradition place les grottes et les fontaines où le vieil Homère allait chercher ses inspirations. Une grossière image de femme s'y est conservée, grâce à une roche dans laquelle elle a été taillée. Bien qu'informe et sans titre aucun, quelques archéologues ont essayé d'y voir la tête de Niobé; cherchant ainsi l'explication mythologique du changement de la fille de Tantale en statue, après la destruction à coups de flèches de tous ses enfants par Diane et Apollon. Près de là est le lac de Tantale, et la ville du même nom, dont on peut suivre l'enceinte que font encore reconnaître les fondations de plusieurs tours.

MOSQUÉE TCHADIRVAN-DJIAMISSI A SMYRNE.

Pl. 49.

Smyrne se divise en deux parties fort distinctes : la ville haute et la ville basse, la ville turque et la ville franque, ou encore la cité morte et la cité vivante; car le contraste est frappant entre le silence, la solitude qui distinguent le quartier habité par les Mahométans de celui des Européens et des Grecs, où le mouvement, la vie, l'activité, règnent depuis le lever du soleil jusqu'à une heure avancée de la nuit. Naturellement c'est dans la ville basse qui avoisine la mer que sont les consulats de toutes les nations, les hôtelleries, les bazars, les magasins de toutes sortes et les khans ouverts aux caravanes. Entre ces établissements et les nombreux navires du port s'établit, au point du jour, un échange incessant. Une foule de *hammals*, le dos courbé sous des fardeaux, transportent des marchandises de toute espèce du quai aux magasins, et de ceux-ci au quai, où des kaïcs toujours en mouvement les embarquent ou les débarquent. Dans le voisinage du quai, sur lequel débouchent plusieurs rues qui le mettent en communication avec le cœur de ce quartier marchand, sont de vastes et nombreux bazars. Les grandes caravanes qui viennent de toutes les parties de l'Asie-Mineure y apportent les produits naturels ou industriels de ces contrées qui n'ont d'autre débouché que le port d'Izmir.

Dans ces riches bazars les boutiques sont tenues par les Turcs, les Arméniens et les Grecs, ou les Juifs, auxquels est principalement dévolu le petit négoce. Quant au grand commerce, à la spéculation d'un ordre plus élevé, ils sont presque entièrement aux mains des Francs, par lesquels toutes les nations d'Europe sont représentées. Le quartier le plus voisin de la mer est presque tout entier occupé par leurs maisons, et ils forment là, comme à Péra de Constantinople, une colonie à part où se parlent toutes les langues de l'Occident.

Bien que la partie haute de la ville soit celle habitée par les Osmanlis, les mosquées principales n'en sont pas moins dans le quartier des bazars. Cela s'explique par les habitudes des Turcs. Descendus le matin à leurs boutiques et à leurs affaires, ils ne remontent à leurs harems que le soir. Dans le cours de la journée ils sont tenus à plusieurs prières ; il leur est donc commode d'avoir près de leurs magasins des sanctuaires où ils puissent facilement satisfaire aux exigences de leur religion. Parmi ces mosquées il n'y en a guère que deux qui soient dignes de remarque. L'une est située dans l'*ark*, c'est-à-dire dans l'enceinte fortifiée jadis, dont les tours conservées montrent encore leurs créneaux à double pointe. Du milieu de ces vieux murs surgit une mosquée qui se distingue par son minaret fait de deux marbres blanc et coloré, dont les assises, habilement disposées, montent en dessinant une double spirale. Dans une autre partie du bazar est la mosquée appelée *Tchádirvan-Djiamissi*. Son escalier à deux rampes et sa fontaine d'une forme tout à fait originale forment un ensemble extrêmement pittoresque.

FONTAINE DU KHAN DES CHAMEAUX A SMYRNE.

(PL. 50)

Au delà des bazars, à l'une des extrémités de la ville, est une place ou *Meïdân* qu'on appelle *Khan des Chameaux*, parce que c'est là que se reposent ceux de ces animaux que leur service journalier y amène des environs de Smyrne. Les autres, qui viennent des points plus éloignés de l'Anatolie, et doivent y retourner, ayant une longue route à parcourir, sont dans des khans fermés, et s'abritent dans de vastes écuries où ils se remettent de leurs fatigues. Ceux du *Meïdân*, au contraire, chargés de menues provisions qu'ils ont apportées aux consommateurs pour leurs besoins journaliers, s'accroupissent là pour quelques heures seulement, attendant patiemment au soleil que leurs conducteurs aient achevé leur trafic pour retourner dans leurs villages.

Au milieu de cette place, que rien ne garantit contre les rayons d'un soleil ardent, s'élève une fontaine due à l'humanité d'un personnage charitable qui a eu pitié des pauvres chameliers exposés avec leurs animaux à une chaleur dévorante. Sous la coupole de ce petit monument, que supportent de jolies colonnes en marbre blanc, ils peuvent du moins aujourd'hui se mettre à l'ombre, et l'eau qui s'échappe par plusieurs becs de la fontaine placée au centre leur permet de s'y rafraîchir. L'élégance de cette charmante *Tchechméh* produit un contraste frappant avec la nudité sale et la sécheresse de la place où sont agenouillés silencieux, sous leurs couvertures en lambeaux, graves et fiers comme des mendiants espagnols, les chameaux immobiles dont les mâchoires seules se meuvent en se régalant des réserves de leur prévoyant estomac. L'eau claire et limpide de la fontaine ne contraste pas moins avec la vase noirâtre et fétide d'un ruisseau qui traverse cette place, n'ayant d'autre eau courante que celle que lui envoient de loin en loin les pluies orageuses de l'hiver.

FIN DU TOME PREMIER

TABLE

DU TEXTE ET DES PLANCHES

DU TOME PREMIER

PARIS — IMPRIMERIE DE J. CLAYE, RUE SAINT-BENOIT, 7

TOMBES DU CHAMP DES MORTS DE HISSAR
Perspective

Eug. Flandin lith.

[illegible title]

Constantinople

POINTE DE SCUTARI.

[illegible] DE CONSTANTINOPLE

RUE DE GALATA — Constantinople

REMPARTS ET CIMETIÈRE DE GALATA.
Constantinople

PETIT CHAMP DES MORTS DE PÉRA

Constantinople

PONT DE BATEAUX

Constantinople

ENTRÉE DU PONT DANS GALATA

Constantinople

BARQUES et CAIKS (Constantinople)

MOSQUÉE [illegible]
Constantinople

HIPPODROME ET MOSQUÉE DE SULTAN AHMET.

Constantinople.

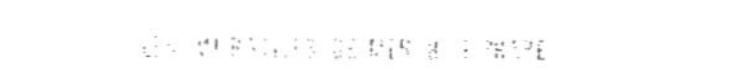

COUR INTÉRIEURE DE LA MOSQUÉE DU SULTAN BAYAZID
(Constantinople)

TCHATR-SÉRAI.
(Constantinople)

PALAIS DE HEZNÉH-SULTANE À EYOUB

Constantinople.

MOSQUÉE DE ZALI-PACHA.

Grande rue d'Eyoub (Constantinople)

Constantinople.

CAFÉS PRÈS DE LA PORTE DITE TOP KAPOU
(Constantinople)

MURAILLES PRÈS DE LA PORTE DORÉE

Constantinople.

CÔTE D'ASIE PRÈS DE SCUTARI

- Bessebre -

MOSQUÉE DE LA SULTANE VALIDÉ

9 782329 791500